爆款文案
一句话就够了

文有为◎著

COPYWRITING
ONE SENTENCE IS ENOUGH

COPYWRITING

文匯出版社

图书在版编目 (CIP) 数据

爆款文案一句话就够了 / 文有为著 . — 上海 ：文
汇出版社 ,2021.3
ISBN 978-7-5496-3453-8

Ⅰ . ①爆… Ⅱ . ①文… Ⅲ . ①广告文案 Ⅳ .
① F713.812

中国版本图书馆 CIP 数据核字 (2021) 第 031066 号

爆款文案一句话就够了

著　　者 / 文有为
责任编辑 / 戴　铮
装帧设计 / 天之赋设计室

出版发行 / 文匯出版社
　　　　　上海市威海路 755 号
　　　　　（邮政编码：200041）

经　　销 / 全国新华书店
印　　制 / 三河市龙林印务有限公司
版　　次 / 2021 年 3 月第 1 版
印　　次 / 2021 年 3 月第 1 次印刷
开　　本 / 710×1000　1/16
字　　数 / 149 千字
印　　张 / 14

书　　号 / ISBN 978-7-5496-3453-8
定　　价 / 42.00 元

序：有故事才能写出好文案

没灵感，没创意，没想法，没思路——这几乎是每个文案人都经历过或正在经历着的痛苦。

各位是否有过以下经历：

·为什么华丽的文案和销售业绩无法成正比？（明明是好产品，却卖不出去）

·为什么你的标题内容没人看？（熬夜完成的策划书，大家却只看标题而不看内容）

·为什么明明是同一条新闻，别人发的文章点击率比你多10倍？（自己写的公众号或博客文章，得不到任何回应）

·为什么花同样的预算做广告，其他类似的产品业绩却能独占鳌头？（时常被上司或老客户追问："所以，你的结论是……"）

·为什么你说得天花乱坠还没人看，人家只说一句话就轰动全场？（即使在会议上发言，也会被忽略）

这些都是因为你的"广告文案力"不足造成的，策划

1

书或提案的标题，会影响读者认真对待文本的程度。放在产品前面的 POP 广告（Point of Purchase Advertising）也是一样，若没有任何吸引人之处，就无法取得广而告之的效果。

文案重要吗？当然。

在网络营销占绝对主体的今天，文案就如同销售人员的口才一样重要。

文案不吸引人，读者马上就会关闭页面；文案吸引人，有了阅读量却没有转化率，运营和广告的钱全都白花了；文案有了阅读量也实现了转化率，又要开始思考下一波来点儿什么新"炸点"……无休止的创作、传播、转化，让众多文案人苦不堪言。

有没有一种文案创作方法，能够让创意者一读就明白，一学就会，一用就顺手？有！正如诸多外企都有标准化的作业流程一样，本书也将文案创作变成一种流程写作，让你在阅读的同时轻轻松松学习到文案创作的流程和方法。

无论是微信、邮件、电子报、博客，还是在 Twitter（推特）、Facebook（脸书）等社交平台，人们的沟通大多以书面用语为主。这时，请问各位，你们会仔细阅读上面的每一个字吗？

想必留在各位记忆里的，应该只有标题或某些特别的字眼吧？再者，若对文章的标题没有兴趣，也就不太可能去深入阅读了。

不只书面表达是这样，就连口语表达也是如此。例如，简报被接受与否的关键，就在于能否说出令人印象深刻的字眼；参加会议也是，与其说一大堆废话，倒不如说出强而有力又令人印象深刻的简短话语，更能获得好评。

是的，当今社会最重要的营销就是"书名""标题""称号"以及"经典台词"等能够瞬间刺进受众心坎，并掌握对方心理活动的一句话——这可以称为"广告文案力"。

李开复在《奇葩大会》的演讲中曾提到，未来50%的工作会被人工智能取代，例如公司前台、柜台收银员、汽车司机等。不过，还是有很多行业永远不会消失，排名第一的就是以内容创意为主的工种，就是他所说的人文艺术，例如写作、编剧、绘画，因为人工智能没有审美观；其次是娱乐行业，如电影、各类娱乐节目等，因为人工智能不懂幽默为何物。

所以，文案人的时代来了。网络所造成的新环境与人工智能无法涉足的领域，奠定了创意者无法被撼动的行业地位，趁着这个机会，让我们一起成为更好的创意者。

正在头脑风暴的你，准备好了吗？

书中举出的范例主要引用自下述地方：

· 广告文案

· 书籍的名称、腰封以及目录

· 杂志、报纸等标题与文案

· 电影文案（宣传文案）

· 博客、电子报及推销信等标题

· 闻名世界的语句

· 在街上看到或听到的令人印象深刻的广告或话语

　　各位若能将这本书放在办公桌上当成字典来使用，对我来说就是很幸福的事了。

目 录

Contents

Part 6　学会讲故事，赋予文案灵魂

Part 7　做好市场研究，有的放矢

Part 8　抓对卖点，写出热卖文案

Part 1 文案究竟是什么

文案写手作为乙方，总与甲方维持着"微妙"的关系，即双方虽是合作关系，但在合作过程中总是会出现种种不愉快的经历。面对一个空泛的课题，甲方会提出各种各样的要求：

"那个谁，去写个文案，让我们的品牌一夜爆红！"

"那个谁，去写个文案，把我们的活动推广出去！"

"那个谁，写个文案，把我们网站的访问量提升200%！"

......

到底是什么能让甲方一夜爆红？文案真的能做得到这一点吗？

◎ 文案是做什么的

假如生活中没有了广告，世界将变成什么样子？它会失掉许多色彩。那么，广告是什么呢？它是人与商品沟通的桥梁。著名广告大师李奥·贝纳说过：没有好客户，就不会有好广告；没有好广告，就留不住好客户；没有客户会买他自己都没兴趣或是看不懂广告的商品。

"酒香不怕巷子深"的年代早已过去，广告已经成为现代人生活的重要部分。我们每天或多或少要接触广告，其优劣一目了然——有的广告令人印象深刻，产生正面、积极的联想，促进产品或服务的销售；有的广告则完全达不到这样的效果，人们看了不知所云。

这就是好广告和差广告的区别，归根结底，这也是文案优劣的区别。

在现代社会，文案的重要性有增无减，无论对电视广告还是网络广告来说都是如此。因为现在消费者的教育程度普遍都高，更容易持怀疑态度。

在信息爆炸的互联网时代，消费者可以更简便、更快速地获得商品信息，足不出户即可清晰掌握商品的品牌、功能、价格等，货比三家的购买法则已然难以满足他们的需求。所以，一味打价格战显然不是销售的"万金油"。

除却商品的内在质量和价格因素，还有哪些因素能影响消费者的购买欲望呢？答案就是广告文案。

有人说："点进你最喜欢的网站，拿掉光鲜的设计与科技，最后剩下的只有文字。这是在网络上进行区分的最后手段，也是最好的方式。"文案旨在促进销售，只有明确这一点，我们才能从只会玩弄文字技巧和语感的文案写手，摇身一变成为真正的广告达人。

什么是文案，文案是做什么的？答案呼之欲出。

文案究竟是什么

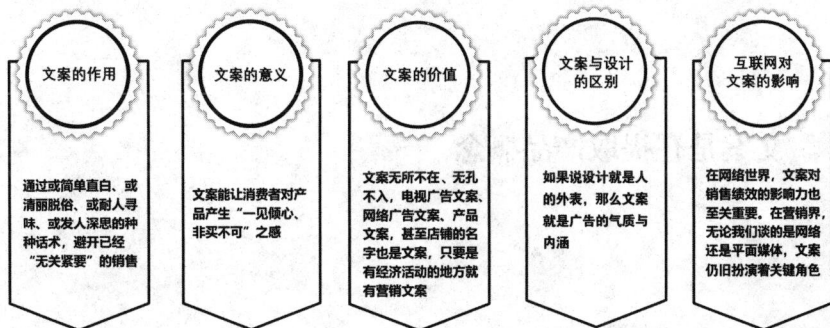

文案的作用	文案的意义	文案的价值	文案与设计的区别	互联网对文案的影响
通过或简单直白、或清丽脱俗、或耐人寻味、或发人深思的种种话术，避开已经"无关紧要"的销售	文案能让消费者对产品产生"一见倾心、非买不可"之感	文案无所不在、无孔不入，电视广告文案、网络广告文案、产品文案，甚至店铺的名字也是文案，只要是有经济活动的地方就有营销文案	如果说设计就是人的外表，那么文案就是广告的气质与内涵	在网络世界，文案对销售绩效的影响力也至关重要。在营销界，无论我们谈的是网络还是平面媒体，文案仍旧扮演着关键角色

通过简单直白、清丽脱俗、耐人寻味、发人深思的种种话术，避开"无关紧要"的销售，直接让广告带来真金白银。

免挑，免泡，免清洗，刚炖好的更新鲜——肌活即炖燕窝

找保姆、保洁、月嫂，全国 1500 万家庭都在用——天鹅到家

在自媒体盛行的时代，粉丝和流量都可以用钱购买，但自媒体人知道，迅速拉粉或赚流量非常烧钱：100000 个粉丝 100000 块钱，平均每人 1 元。如果会写优秀的文案，可以用一篇文章获得 100000 个粉丝，可能只需花费一点人工费和时间，换算下来成本小很多。

让文案与产品完美结合，是每个策划人努力的目标。其实，这点很难把握——文案写得太过，容易喧宾夺主，空有视觉享受，实际销售目的不明确；文案写得隐晦，未能深入人心，自然难以带来理想的销量。

◎ 文案是在提取产品概念

如果说不以结婚为目的的恋爱都是耍流氓，那么不达到目标的文案也等同于"耍流氓"。

号称文案者"圣经"的《创意之道》中说："想象你的消费者就在眼前，具体到性别年龄、穿什么衣服。好，现在开始用笔和本

子跟他交谈。"

深入了解消费者的需求，永远是写文案的第一步。可以说，文案人最了解公司的产品，反复琢磨产品的卖点，甚至比销售更能感同身受，直击消费者的痛点。

一切皆有可能

作为国内体育用品的著名品牌，李宁有过成功，也有过挫败。面对来自国内外竞争对手的挑战，李宁选择顽强地迎接挑战。历经几十年的风雨侵袭，李宁品牌依然安然自若，甚至走入国际市场，成为新一代年轻人眼中的"潮牌"。

李宁公司早期的定位并不明确。当时，中国人对耐克和阿迪达斯这些世界名牌还没有太多的认识，国内市场宽松，大部分企业没有明确的发展愿景。身在其中的李宁也不例外，长期处于粗放型的发展模式，没有清晰的品牌定位，不具备鲜明的品牌个性。

李宁的广告词从早期的"把精彩留给自己"到"我运动，我存在"，最后变成"出色，源自本色"等，前后8次更换广告诉求，很难在消费者心中形成统一的品牌印象。

看清自身问题后，李宁开始采取有效措施重塑品牌，推出一系列运动广告，向人们传达新的概念——只要充满活力，外界的一切阻力都会相形见绌，一切都才开始，这就是大家广为流传的广告语：一切皆有可能。

全新的李宁品牌广告画面生动，充满活力，极富运动视觉，强烈暗示着这一价值承诺：拥有李宁，不仅是拥有一种生活用品，还拥有一种生活质量和人生境界。这一概念甚至早于阿迪达斯提出的"没有不可能",使李宁重新获得业内人士的高度肯定。

此外,李宁将目标消费者锁定在 15～25 岁的年轻人。过去,李宁在赞助体育赛事时显得很盲目,没有达到宣传自身个性的目的。重新定位后,李宁的每次投资都更加理性、实际。比如,他在赞助大学生三人篮球赛时,就提出"不服就单挑"的口号,将"一切皆有可能"演绎得淋漓尽致。

当国际大牌不断冲击国内市场时,"一切皆有可能"慢慢地不再无所不能。李宁意识到,一个新的时代已经来临,他们必须做出改变。于是,推出品牌重塑战略——将广告文案换成更加具有现代人个性的"Make the change"(让改变发生)。

这一次,李宁又成功了,不仅成为国人眼中的潮牌,更带着"中国红"走上世界舞台。

由此可知,市场定位也好,广告文案也罢,都需要跟随形势的发展不断变化。只有始终提取新的、符合市场需求的产品概念,才能不断了解、深入乃至刺激消费者的内心。

一家牛排店新开张,生意不佳。为了招揽人气,老板请人做了两个广告,第一个广告文案是这样写的:

我们店有最棒的牛排,原材料全部进口,专门聘请国际营养大师以最适合人体需求的比例烹调而成,你要不要来一个?

第二个文案是这样写的：

闭上眼睛，听牛排在烤架上嗞嗞轻唱！让舌尖带着你品尝新西兰的味道！

第一个广告文案推出后，牛排价格没有上涨，消费者多了些许，但效果不明显；第二个广告文案推出后，消费者数量猛增，每天店门口排起长队，牛排价格也水涨船高。

为什么不同的文案效果会有天壤之别？因为让消费者流口水的不是牛排本身，而是烤牛排时嗞嗞作响的声音。

简单地说，从表面上看，通过文案销售的是产品，实际上，销售的是产品概念。

概念是什么？它是一种创意、一种定位，是一种独特的营销策略，代表着标新立异、与众不同的想法。如果非要用一个词来解释，那就是"改变"。

如果文案能让消费者对产品产生一见倾心、非买不可之感，就达到了我们所谓的好文案标准，文案也就能起到应有的作用。

文案要吸引人，留住人，还要让人看后说"嗯，不错，这就是我想要的""太不可思议了，我心心念念的东西居然在这里"，让消费者在快乐中为自己的新发现埋单。

◎ 文案的价值，就是挖掘产品的价值

现代商业竞争中，精彩的文案往往能够让一个产品在众多的同类产品中脱颖而出。所以说，文案是竞争的利器，更是产品的核心和灵魂。

优秀的文案，或许能在视觉上让我们过目不忘，在声音上让我们拥有美的享受，但无论是哪种情形，总能让我们产生不一样的感觉。这些小小的不一样，最终促成购买行为，植入消费者的精神层面，甚至影响消费者的价值观。

有人说："21世纪没有诗人，他们都藏在广告公司里做文案。"

品牌沿用多年的口号、传遍大街小巷的广告语、发至各大媒体的文章、网络上流行的话题，几乎都出自文案。

文案的价值，就是让其貌不扬的产品展现出楚楚动人的一面，让名声在外的产品巩固或提升地位，增加产品的附加值。

文案人不是段子手，却有着段子手般的聪慧与豁达；文案人不是作家，却要具备像作家一样细腻的笔触……互联网时代，对文案人的要求更高，要懂产品、懂经营、懂管理……样样都会才能写出

优秀的文案，更好地为产品服务，提高消费者与文案的黏度。

但文案人普遍工资不高，这是行业现象。然而，如果能写出带动产品销量的好文案，收入就会很可观。童书妈妈三川玲说，最早她的一篇文章才几十元，后来几百元，再后来 2000 元，靠的就是粉丝强有力的购买力。

最近这几年，白酒业群雄中杀出了一匹黑马，它似乎没有太厉害的背书，也没有太出众的口味，却成了人人称道、家喻户晓的白酒品牌——它就是风头正健的段子手江小白。

为什么称江小白为段子手？因为说起江小白，大部分人的第一反应都是它的文案很好——小小的瓶身总是印着发人深省的话语，这让人不禁琢磨：为什么一款酒竟然能比朋友更懂我呢？

我有酒
你有故事让我听吗？

无论今天多么糟糕
醉了、醒了，就是明天

毕业时约好一年一见
再聚首却已近而立之年

最后，我们都变成了那个
曾以为俗不可耐平庸无趣的人

所谓成熟，就是明明该哭该闹

却不言不语地微笑

一句句耐人寻味的话，仿佛说出了每一个想喝酒人的心声。而这些说出心声的文案，就是江小白脱颖而出的原因。

现在的商品同质化过于严重，厂家看到别人的产品卖得好，也不愿意花时间去研究其中的道理，就拿着别人的产品一股脑儿地模仿，把自己打造成了一个冷冰冰的替代品。

消费者是最健忘的，这种产品一出生就注定了走不长远。而江小白注意到了这一点，并且用实际行动把自己与其他产品远远地划出了界限——江小白懂年轻人，江小白生产能与年轻人产生共鸣的产品。自然而然的，年轻人就会反过来喜欢江小白——这种喜欢是相互的，是基于情感和三观都契合的默契。

如果说江小白的酒体本身是满足年轻消费者的口腹之欲，那么，江小白传递出来的价值观则是为了给消费者带来更加难得的愉悦的精神体验。

◎ 好文案价值连城，绝非夸张

《爆款文案》的作者关键明认为，"好文案价值连城"，这一点儿不夸张。

深夜，一位白衣女子被一个陌生人男子跟踪。为了躲避对方，她跑进一个尚未完工的建筑工地，但陌生人还是紧紧地尾随而来。工地里一片漆黑，地上有积水，白衣女子跌跌撞撞地跑着，可陌生人还是追得越来越近。

就在陌生人马上要抓住白衣女子的时候，突然，陌生人的头撞到一根横贯的钢管上。原来，钢管的高度正好在陌生人额头的高度，他没有发现，所以没有低头而是直着走过去，结果一下子被撞晕了。

白衣女子总算幸免于难。这时，字幕打出："瑞士电信新资费，比你想象的还要低。"

——瑞士电信广告

比想象的还低，这句简单直白的广告语，一下道出了瑞士电信想要表达的中心思想：请选择我们，因为我们很便宜。

很多人说起广告营销，第一反应就是"骗子""忽悠人的""电信诈骗"；说起文案，则下意识地认为："不就是码个字吗，谁不会呢？"

但举世闻名的广告大师大卫·奥格威这样说："广告不是艺术，做广告是为了销售产品，否则就不是做广告。广告不是抚慰，不是纯粹美术，不是文学，不要自我陶醉，不要热衷于奖赏，推销是真刀真枪的工作。"所以，真正的广告营销不是骗子，而是以销售产品为目的的技术手段。

广告营销文案，是以大众理解的文字表现出的广告创意。因此，文案兼具广告的部分属性和功能。但广告的载体形式很多，不能简单粗暴地将其等同于文案。

文案无所不在、无孔不入，如电视广告文案、广播电台广告文案、网络广告文案、产品文案，甚至店铺的名字也是文案。只要有经济活动，就会有营销文案。

那么，什么是营销文案？

不在乎天长地久，只在乎曾经拥有——铁达时手表

打通一个电话，能挽回的最高价值是拯救生命；修通一条线缆，付出的最高代价是献出生命——中国移动

不难发现，这类广告都将自身产品与广告文案捆绑在一起。

再举例说明：

空气比空间更清新，风情比风景更动人，心境比环境更沉醉。
不管你在哪，别赶路，去感受路。

这是沃尔沃 XC 60（2015 款）的文案。文案中没有写品牌名或
产品名，但大家还是记住了文案的最后一句话，并广泛传播。为什
么？仅仅是因为这些广告每天在我们耳边轮番轰炸吗？不全是。对
广告文案来说，持久的轰炸是必需的，否则无法加深印象，从而嵌
入消费者的脑中。归根结底，能让人读起来朗朗上口，并愿意为之
传播才是最重要的。

一则好的文案，能让广告效果更好。

在信息得以快速分享传播的年代，每个人对广告的黏度都在降
低，因为大家接受的信息太多了。所以，想要让消费者记住并分
享，文案越简洁越好，不要试图向消费者讲清为什么会这样，怎么
做才有了现在的结果。对消费者来说，只需告诉他结果就好，其他
的稍后再谈，至于稍后有没有期限，得看文案对他的吸引力。

好的文案能直击消费者的内心，激发消费者的购买欲望，让广
告产生事半功倍的效果。所谓广告，不过是给消费者提供一个期望
值，告诉他们买这个产品能达到什么样的目的。

所以，广告是信息的媒介，不是某种艺术的形式。如果广告拗
口、花哨、哗众取宠，喋喋不休地教授理论知识，只会让人反感。

◎ 别把文案和设计混为一谈

广告是一个大概念，并非一两个领域的概括，但要说明的是，文案与设计属于两个不同的专业。

简单来说，文案属于文字工作者，其高深的文字功底和理解力、表达力堪比作家、记者；设计属于创意实现者，通过视频、特效、美术、活动等种种方式表达出产品的创意。然而，两者密不可分：优秀的广告不是简单的视觉化表现，需要基于产品做创意；好文案会说话，加上好设计，才能达到 1+1>2 的效果。

设计好比是人的外表，因为他人第一眼看到的就是你的外表，能够吸引人注意的也是你的外表。走在大街上，看到帅哥或者美女，人的第一反应就是这个人好帅、好漂亮，没人在意他们的内在气质与修养。但是，美貌只会让人眼前一亮，能形成致命吸引力的却是内在的气质与修养。

文案就是广告的气质与内涵，这正是广告的创作真谛。

```
┌─────────────────────┐
│  文案与设计要相辅相成  │
└─────────────────────┘
          │
     ┌──────────┐
     │ 文案与设计 │
     │  的区别   │
     └──────────┘
      ╱        ╲
┌──────────────────┐   ┌──────────────────┐
│ 文案与设计要保持协调 │   │  广告设计中的误区  │
└──────────────────┘   └──────────────────┘
```

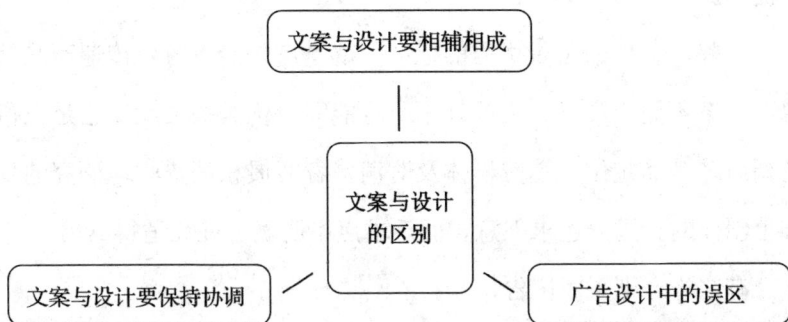

一、文案与设计要相辅相成

广告作品中，文案与设计到底哪个更重要？实际上，两者相辅相成：文案是广告的灵魂，设计是这个灵魂的外衣；文案是广告作品逻辑思维的表现，设计则是视觉效果的表现。如果没有好的设计来表现，再美的文案呈现的效果也是麻木、没有感觉的；如果没有文案的支撑，再美的设计作品也是华而不实的。

有人将广告作品比喻成武功，设计就是武功的招式，文案是内功，招式只有与内功相辅才能成为高手。优秀的广告作品，设计与文案必须相辅相成、内外兼修，才能在铺天盖地的广告中脱颖而出，成为翘楚。

好事发生——苏宁全民嘉年华（2020.11.11 口号）

二、文案与设计要保持协调

广告作品创作过程中，文案与设计要保持协调、沟通，保证设计能够充分理解文案所要表达的核心诉求，内外结合，才能创作出一流的广告作品。

　　检验广告作品是否优秀的标准，就是广告能否有效传递产品信息。文案不同于文学，文笔好不一定能写出优秀的文案，它是在市场调研、产品定位、消费群体及对消费者习惯和消费心理研究的基础上创作的，过分追求创意，而诉求点不明确，往往适得其反。

　　有这样一则平面广告：

　　广告画面左上角是一个"Logo"，左边马桶上坐着一个女人，右边有一行英文，下面是地址和电话。

　　熟悉这个品牌的人知道这是一个卫浴用品广告，不熟悉品牌的人根本不知道这则广告在讲什么。"卖马桶的吗？我不需要！"太过追求创意，或者广告画面太抽象，会让消费者解读困难，广告效果不理想。

三、广告设计中的误区

　　一幅好图胜过千言万语。

　　很早之前，用图片阐述产品信息也属于文案的工作范畴。有些优秀的文案大师，可以用一张没有文字的图诠释整个广告作品。这种方式源于知识和经验的积累，以及产品在特定环境中的表现，不是随便创作出一幅好图当作广告，消费者就会买账。

　　如果你是画家，当然可以将自己天马行空般的作品卖出去。显然，设计人员和文案撰写者都不是艺术家。广告创作中，设计人员要注意避免以下行为。

1. 图片很美，也极富创意，但对产品信息和文案核心诉求没有任何帮助。如果用这个图片做背景，广告版面会主次不分，即使做插图也会浪费至少四分之一的版面。

2. 设计人员总觉得这里加一个线条会很美，那里放一个圆很有个性……从绘画角度看，这的确符合审美要求，但作为广告，这样做有可能扰乱消费者的视线，抢了文字的风头。

3. 广告作品中，文字只是一个符号元素。有些设计人员把文字当成元素，甚至小到需要用放大镜看，或者将其放在深颜色的背景上，使观众很难看清。这种情况下，即使图片极富创意、排版再美，也会给人留有"虽然我不知道你在说什么，但看起来很厉害"的感觉。这完全违背了广告的原则，难以达到传达产品信息的目的。

4. 字体变形是在广告设计中经常用的方法，可以增加视觉冲击力，但千万不能影响阅读。设计人员要明确，自己不是一个艺术家，创作是为产品或企业形象宣传服务的。

总的来说，文案与设计就像一对情侣，有甜蜜也有争执，需要磨合才能更为默契与融洽。广告创作中，设计人员要学会放弃自己对艺术的追求与发挥，文案也要放弃对诗词的热衷与对文采的向往。毕竟，广告不是艺术，一切要从广告的本质出发。只有文案与设计成为亲密战友，协调一致，才能创作出优秀的广告作品。

◎ 互联网对销售和文案的影响巨大

　　21世纪最重要的转折点就是互联网的兴起，它也成为营销媒介与交易管道的重要部分。

　　互联网由于交流速度快、操作简单且成本低廉，确实使市场营销产生了很大的变革。比起寄送或派发宣传单、刊登杂志广告或播放电视广告，在互联网上播放广告显得更快、更简便、更省钱。

　　好物优惠，全面爆发——京东全球热爱季（2020.11.11）

　　重点是，互联网没有改变人性，消费者不会因为看到广告信息是从网络上来的，就改变消费的心理模式。如同克劳德·霍普金斯在经典著作《科学的广告》中所描述的："人类的本质是不会变的。从大部分的角度来看，现代人跟饥荒时代的人没什么两样，所以基本的心理学原则依然牢靠，因此，你永远不必将学过的心理学原则全部打破、重新建立。"

　　要告诉所有人一个好消息，你在工作或是从本书中学到的文案撰写技巧及销售原则，截至目前，几乎都可以派得上用场。

互联网对销售和文案的影响

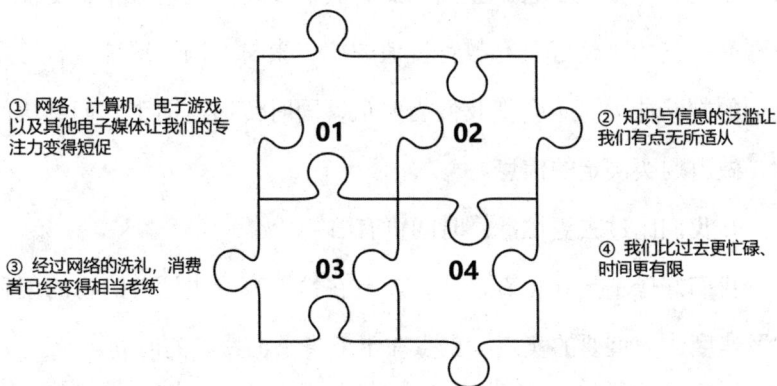

① 网络、计算机、电子游戏以及其他电子媒体让我们的专注力变得短促

01

02

② 知识与信息的泛滥让我们有点无所适从

③ 经过网络的洗礼，消费者已经变得相当老练

03

04

④ 我们比过去更忙碌、时间更有限

那么，互联网到底有没有改变什么？

1. 网络、计算机、电子游戏以及其他电子媒体，让我们的专注力变得短促

尽管精简向来是文案写作的关键，但它的重要性在现代有增无减。这不表示篇幅较长的文案就一定无效，也不表示现在的人都不阅读了，更不表示文案一定要走极简风。我们需要做的其实很简单：留下中心思想，删除所有赘字。

2. 知识与信息的泛滥让我们有点儿无所适从

人类历史上，我们从来没有被广告信息和四面八方涌来的其他信息轰炸到这种程度。正如耶鲁大学图书馆馆员卢塞·佛罗杰斯所说："我们的信息泛滥，知识却贫乏。"这表明，你得挖空心思让文案与消费者切身相关，了解消费者关心的内容，然后将他们的需求、渴望、期盼或担忧表现在广告中。

3. 经过网络洗礼，消费者变得相当老练

大部分人几乎都有过网购的经验，每天或主动或被动地接受来自网络的各种推销广告。正因如此，我们懂得了闪避推销，更能分辨浮夸的宣传，偏好具有教育价值的广告素材。因为这种广告尊重我们的判断能力，不会把我们当傻瓜，同时传递有助于我们解决问题、做出购买决定的信息。

4. 我们比过去更忙碌，时间更有限

我们好像不是在忙着挣钱，就是在忙着享受生活。购物的便利性及速度成为重要的卖点，重点在于节省了消费者的时间。

饿了时，我们打开外卖配送 App 软件，它会根据以往记录清晰明了地告诉你点过哪些食物，哪些店铺有优惠，外卖送到家里需要多长时间等。这些便捷的服务无一不在迎合我们"忙碌"的生活。广告文案，亦需如此。

现代社会，文案写作技巧的重要性有增无减，无论对平面广告或网络广告来说都是如此。因为现在的消费者受教育程度更高，更容易抱怀疑态度。部分原因在于网络让消费者可以更简便、快速地获取商品信息，然后进行比价。而且，他们能够选择的商品或品牌前所未有地多，电视广告、电子邮件、弹出式广告、邮递宣传单等也在竞相争取消费者的注意力。

以直邮广告为例，由于邮寄、印刷以及取得邮寄名单的成本节节上升，消费者的回复率却在下降，控制直邮广告效益的难度比以往更高。真正有效益的直邮广告，应该能创造高投资回报率，且须维持一两年以上。

更有甚者，潜在消费者获取信息的渠道多如牛毛。他们有几百上千个网站可造访，超过上百个电视频道可收看，更别提那些天天收到的弹出式广告和垃圾信件。

有这么多信息在竞逐消费者的注意力，你得分外努力才能吸引消费者的眼球，让自己的店面或在线销售脱颖而出。这里最重要的关键是：强而有力的文案。

没错，商品的内在质量和价格条件确实非常重要，但消费者总能很快找出最合适的产品及定价。找到后，另一项提高消费者回应的加分工具就是广告文案。

网络世界，文案对销售绩效的影响力也至关重要。可以说，在营销界，无论我们谈的是网络还是平面媒体，文案仍旧扮演着关键角色。

Part 2 好文案是怎样打动人的

　　文案人必须有这样的觉悟：所有的产品都有特定的目标消费群体，即便你的文案获得了年度金奖，也未必能让所有人都喜欢，更何况让对方心甘情愿地掏出钱包。

　　也就是说，你的文案注定只能吸引一部分人。这部分人，就是产品的潜在消费者，他们对此产品存在某种需求，如喜爱产品外观，或是钟情产品性能。文案人要做的就是把这些因素凸显出来，触动消费者的购买心弦。

◎ 最走心的，永远是与自己相关的场景

"这明显是广告，还是换一个吧。"这是大多数消费者看到广告文案的第一反应。

我们不得不思考：消费者为什么这么反感广告？要如何做，才能消除消费者的这种反感心理？怎样做，才能让消费者觉得我们是在帮助他们解决问题？

很重要的一点，就是我们要注意消费者当时所处的情境。举个例子，你正在刷微博看搞笑的段子，这时突然刷到××汽车公司发的微博"年度重磅，即将登场"，这就打扰了你想要休闲娱乐的心情，当然会觉得反感。

永远的可口可乐

广告，其效果就是让一个产品成功地扩大市场占有率。

一个99.61%都是碳酸、糖浆和水的饮料产品，之所以能够畅销海内外，就是依靠大规模的广告宣传和事件营销——"可口可乐"能够深入人心就成为理所当然之事。据统计，每一秒钟，全世界大

约有 18 450 人在畅饮可口可乐饮料，感受可口可乐给他们带来的舒爽感觉。因此，它对我们生活的影响绝不仅是只言片语就能说尽。

最初，可口可乐进入中国市场时，是依据最典型的美国个性和美国风格来获得消费者的青睐，广告也是美国亚特兰大式的。这种以国际化的形象向中国消费者宣传的形式并未获得突出效果，所以到了 20 世纪末，可口可乐公司意识到，要想成为中国饮料市场的领军者，品牌文化必须与中国文化相融合，这才是长久之计。

之后，可口可乐公司的营销广告策略发生了明显变化，在中国的传媒广告中出现三个"第一次"：第一次把拍摄现场选在中国；第一次邀请中国广告公司帮助设计；第一次邀请中国演员作为形象代言人。

可口可乐公司认真筛选华人新生代偶像拍摄广告，无疑是一个创新的举动。各位偶像明星积极向上、充满活力的形象展示充分表达出"永远的可口可乐"这一品牌文化精神。可见，可口可乐的广告策略是把销售对象集中在年轻人身上，广告画面也以活力四射的健康青年为主体对象。

中国人的聚会特点，是在阖家团聚的日子或是佳节到来之际，更喜欢热闹、其乐融融的场面。这是可口可乐公司切中销售要害的地方，于是每年春节，可口可乐公司都为中国消费者送来一系列贺岁片，拍摄场地就选在中国，包括中国的传统艺术如木偶戏、剪纸，还有中国的民间习俗如贴春联、放烟花等，浓浓的乡土气息充溢于每部广告片。

此外，可口可乐公司在北京举办以中国传统文化为主题、把十二生肖图案刻在可乐罐上的活动，它将卡通形象和迪士尼的风格特点结合在一起。之后，又推出象征中国人民吉祥喜庆、勤劳善良的卡通形象——熊猫和孙悟空，深受中国少年儿童的喜爱。

最走心的，永远是与自己相关的场景。有了青春靓丽的形象，才有年轻人愿意买单；有了"阖家团圆"，才有可口可乐带来的温馨。所以，我们要结合情境包装文案，使之成为看起来不是广告的广告，融入情境，深入消费者的生活，使之产生共鸣。

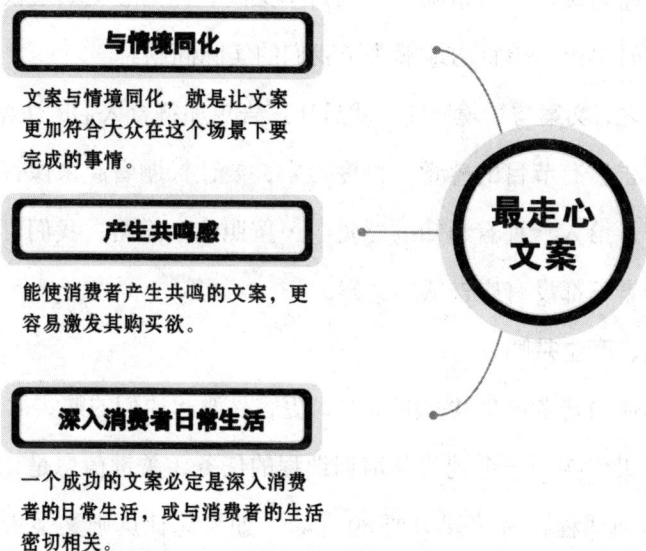

与情境同化

文案与情境同化，就是让文案更加符合大众在这个场景下要完成的事情。

产生共鸣感

能使消费者产生共鸣的文案，更容易激发其购买欲。

深入消费者日常生活

一个成功的文案必定是深入消费者的日常生活，或与消费者的生活密切相关。

最走心文案

一、与情境同化

移动新闻客户端中，人们主要是获取新闻资讯，了解社会上发生的大事小情。所以，文案要像新闻消息一样，尽可能地让人们获取更多的信息。

想一想，在移动端，大众要干什么呢？当然是获取资讯，了解社会上发生了什么事情。所以，我们的文案也要像新闻消息一样，即精准又精练，同时还要触动人心。

我们来对比下面两条海飞丝洗发水的广告，看谁写得更好。

头屑去无踪，秀发更轻松

去头屑，让你靠得更近

毋庸置疑，第二条更好，点击率更高，因为它更贴近我们的生活，同时也更简单直白地解决了我们的实际问题。

总之，文案与情境同化，就是让广告更加符合人们的生活场景：电视广告，有节目的感觉；百度搜索，要让标题看起来像答案；电梯广告，给人一种看通知的感觉……按照这个思路，我们可以做出任何场景下都没有广告感的文案。

二、产生共鸣

能使消费者产生共鸣的文案，更容易激起他们的购买欲。

如果你接到一个销售某培训课程的任务，关键信息是："系列职业培训课程，每节课只要80元。"如果想让这则文案更加直观形象，可以这样写：

一顿午饭的价格，可以让你学到职场前3年的经验。

这则文案的"可理解性"有所增强，但是缺少共鸣感，可以再加点儿情绪：

一顿简单的午饭就要收你 80 元。或者，你可以花 80 元学习职场前 3 年的经验。

这样就加入了情感意义，增强了消费者的认同感。再来看一则赞美奥运会运动员为国争光的文案：

中国人，让改变发生！

这则文案看似很激励人，但能够披上国旗、为国争光的永远只是少数人。看到文案的大部分人都很普通，对于运动员的这种感受无法产生共鸣。

在引发共鸣这点上，耐克的一些文案更看重普通人在运动、比赛时的经历，可圈可点。

裁判能决定你的成绩，但决定不了你的伟大。

这是耐克"活出你的伟大"系列广告中的一个，令人们想起生活中经历的各种比赛，明明赛前准备了很久，耗费了很多心血，但依然被判了低分，结果不尽如人意。那又怎样呢？即便比赛成绩不好，我们依然能活出伟大的自己。

所以，写文案时试着寻找消费者记忆中的情境，为他们提供帮助，这样才能让他们产生共鸣。

三、深入消费者的日常生活

一个成功的文案必定要深入消费者的日常生活，与消费者的生活密切相关。在这方面，支付宝的海报文案可谓出类拔萃，它在前几年就成为渗透消费者生活方方面面的超级 App。

让我们回顾一下 2016 年支付宝 9.9 版本上线，创意界的大咖"天与空"为其设计的一组文艺范儿十足的海报文案：

千里之外，每月为爸妈按下"水电费"的支付键，仿佛我从未走远，为牵挂付出，每一笔都是在乎。

每一笔付出，都是因为"在乎"。这段文字，勾起人们心中最真挚的情感，无形中吸引大家把每一笔"在乎"都记录到生活中。

◎ 挖掘细节＋提炼精髓，一句话说动消费者

明确的主题，精练的正文，是文案的"骨骼"。在文案中融入感情，洞察需求，一遍写出，N 遍改动，这个抽丝剥茧的过程就是

优秀文案的孕育过程。

总结起来，大多数经典文案是从以下句式类型演变而来的。

一、挖掘细节

今时今日，应该没有人不知道农夫山泉的广告。

我们只做大自然的搬运工——农夫山泉

农夫山泉没有强调自己的水是最好的，而是通过告诉大家"每瓶水都是在水源地灌装，自己只是大自然的搬运工"这样一个细节，突出农夫山泉水的天然品质。

如果你想证明某个产品或品牌好，挖掘它的真实细节是重中之重。

我不认识你，但我谢谢你——义务献血广告
没有买卖，就没有杀害——动物保护公益广告

好文案不是结论，而是事实。事实，远胜浮夸的结论。

某航天中心的指挥塔内，年轻人马克聚精会神地注视着面前的显示屏。忽然，显示屏上同时出现了两个移动的目标，而且这两个飞行物正越飞越近，有迎头相撞的危险。马克心急如焚，紧盯着显示屏，手忙脚乱地急速操作着键盘。然而，飞行物竟然像设定好了程序一样依然越飞越近。最后，惨剧发生了，撞击的火光映红了整

座指挥塔。

就在惨剧发生的一刹那，马克像变了个人似的，他兴奋地紧握双拳，脸上掠过一阵难以抑制的狂喜。这时，画面出现如下字幕："马克，曾任电子游戏编程员。"紧接着出现广告语："你可以换老板，但千万别换专业。"

——某求职网站广告

令人期待的时刻终于来到了。静静的病房里，护士正小心翼翼地为中年男子一层一层地揭开缠在食指上的厚厚纱布。病人惴惴不安，身边的妻子紧握着他的另一只手，主治医生则站在病人的对面，神情也并不轻松。终于，通过手术被加长了的食指活生生地"耸立"在众人的眼前，手术成功啦！

夫妻俩欣喜万分，回到家里，他们迫不及待地打开冰箱取出番茄酱瓶子。丈夫把刚刚动过手术的长长手指伸进瓶子，顺利地将瓶底仅存的一层番茄酱"捞"出来，兴奋而又自豪地凝望着妻子。而妻子，则眼巴巴地盯着丈夫食指尖上的番茄酱……

——亨利番茄酱广告

这是两则有趣同时又注重细节的广告。第一则中，慌乱敲击键盘与兴奋紧握双拳的描写直接刻画了一个游戏编程员的形象；第二则中，夫妻俩的欣喜竟来自于"捞"瓶底的番茄酱。

这出人意料的构思和对细节的处理让观众不禁莞尔。创作者正是通过这样挖掘细节的巧妙手法，回避了人们对广告不耐烦的心理，从而让自己的广告显得与众不同。

二、类比常识

虽然不如可口可乐的"人手一瓶"那么简洁，但雪碧的广告词多年来一直深入人心。

透心凉，心飞扬——雪碧

雪碧的这句广告词，没有用干巴巴的语句形容雪碧的滋味，而是将喝雪碧的体验类比为凉水浇在身上的那种舒爽——透心凉，以此突出其止渴解暑的卖点。

除了产品体验可以类比常识外，产品本身也可以。

风驰电掣，大运摩托——大运摩托
非油炸，更健康——五谷道场

很多时候，消费者购买某一产品前并不了解此产品，这时候，产品信息常识化就显得非常重要。运用类比手法，用熟悉的事物类比陌生的产品，不仅能让消费者快速了解产品，还能让消费者对产品或品牌产生熟悉感和认同感。

只要半平方米的价格，日韩新马泰都能玩一圈。
一支香烟换一张面膜，他健康，她美丽，这才是郎才女貌！

这种类比随处可见，将 A 事物与 B 事物类比，二者的区别显而易见，更有助于在消费者心中树立直观的品牌概念。

三、以退为进

以退为进，既可借助产品的优势，也可借助其缺陷。比如，大众进口汽车甲壳虫的文案：

它很丑，但它能带你到想去的地方——大众甲壳虫汽车

大部分文案会写产品优势，甲壳虫的文案却反其道而行之，说出产品优势前先告诉消费者它的缺陷，这样更加真实，也降低了用户对产品优势的怀疑，让人更信服。

除了借用产品的优势和缺陷外，还可借助用户情感以退为进。

来看下面这则文案：

我害怕阅读的人

我害怕阅读的人。我祈祷他们永远不知道我的不安，免得他们会更轻易地击垮我，甚至连打败我的意愿都没有……我害怕阅读的人，他们知道"无知"在小孩身上才可爱，而我已经是一个成年的人。我害怕阅读的人，因为大家都喜欢有智慧的人。我害怕阅读的人，他们能避免我要经历的失败。我害怕阅读的人，他们懂得生命太短，人总是聪明得太迟。我害怕阅读的人，他们的一小时，就是我的一生。

我害怕阅读的人，尤其是还在阅读的人。

这是奥美广告公司早年为天下文化出版公司 25 周年庆典活动创作的文案，获得了业界的创意大奖。这篇文案貌似在谈"害怕"，实则在谈敬佩、鼓励，是希望更多的人成为阅读的人。这篇美文也暴露了广告业的一个秘密——与其兜售价值，不如兜售恐惧。

四、调侃式段子

广告人中间流传着一句话："不想当段子手的文案不是好广告人。"在娱乐为王的时代，风趣幽默的文风更易俘获人心。网络上流行的段子，如"以后的路你自己走，我打车"，稍加改动，就能变成一篇优秀的文案：

以后的路你自己走，我要叫 × × 打车！

这种调侃式的段子文案，近几年的使用率非常高。诙谐的语言配上熟悉的场景，下句画风突变，总能让人会心一笑，记住文案，自愿传播。

你知道，就算大雨让这座城市颠倒，我也会按时送到——某美食外卖文案

歌词也躺枪，忍住，别唱！这篇文案改编了流行歌曲《小情歌》中的一句歌词："我知道，就算大雨让这座城市颠倒，我会给你拥抱。"这能让消费者瞬间记住产品和品牌。

好文案不一定非要高雅的文艺范儿，也不一定非要大白话，最重要的是让人看得懂，与产品挂钩，能在特定的场景将产品的特性展现得淋漓尽致。如果你拿捏不好文案的度，不妨参照以上的招式来练习。掌握技巧之后，写文案自然手到擒来。

五、在第一句话中营造场景

进行文案创作，必须反复推敲文案的第一句话。如果第一句话写得好，成功吸引了消费者的注意力，这篇文案就相当于成功了一半。

那么，如何才能在开头就抓住消费者的心，让他们继续阅读下去呢？

第一，必须能够引起人们的好奇，抓住他们的心。就像文案的标题一样，可以写得有趣，也可以写得深沉，总之不能太平庸。

第二，必须简短有力，包含一定的信息。第一句话应该便于理解，删繁就简，朗朗上口，意犹未尽，这样消费者必然会阅读第二句话。

第三，文案内容必须是人们容易理解的事物，如广为流传的电影、曾经有过类似的爱情体验、知名度很高的人等，这样才能引起共鸣。说到底，文案的第一句话，唯一目的就是让消费者能够有兴趣读下去，仅此而已。

◎ 创造力是文案的生命力

许多公司巧妙运用图像、文字，创作了很多令人拍案叫绝的创意广告，充分体现创造力对广告的强化作用。那么，创造力或创意过程究竟是怎样的呢？创造力从哪里来，在广告中扮演什么样的角色呢？

好空调，格力造——格力空调

一、什么是创造力

人类的文明发展史，实质上是人类创造力的不断实现。有关创造力的研究，根据不同的侧重点出现两种说法：一种说法认为创造力是一种能力，是在一种或多种心理过程作用下，创造出新颖、有价值的东西；另一种说法认为，创造力不是一种过程，而是一种产物。

通常来说，创造力既是一种能力，又是一种复杂的心理过程和新颖的产物。

　　创造力是一流人才和三流人才的分水岭。例如，创造新概念、新理论、新作品、新技术，发明新设备、新方法，这些都是创造力的表现。创造力是一系列连续复杂的、高水平的心理活动，它要求人的全部体力和智力高度紧张，以及创造性思维在最高水平上运行。

二、创造力的构成因素

　　智商高的人，创造力就高吗？不一定。构成创造力的因素有很多，如品质、进取心、求知欲、独立思考精神等，这些都是发挥创造力的保障。创造力与知识、智能及良好的人格密不可分、相互作用、相互影响，最终决定人的创造力。

1. 知识

　　吸收知识，巩固知识，掌握专业技术、实际操作技术、经验，扩大知识面，运用知识分析问题等，是创造力的基础，任何创造都离不开知识的积累。丰富的知识积累，有利于提出创造性设想和创造方案的实施与检验。

　　广告文案的创作同样如此，没有丰富的知识积累，就创作不出优秀的文案。

2. 智能

　　智能是智力与多种能力的综合，包括观察力、注意力以及高效持久的记忆力和灵活自如的操作力。同时，它还包括创造性思维能力、掌握和运用创造原理与技巧的能力等。

3. 人格

　　人格包含意志和情操等方面，是人在生理素质的基础上，通过社会实践逐渐形成并发展出来的。优良品质是构成创造力的组成部分，对创造力有十分重要的影响，在创造活动中通常表现为优秀的创造能力。

三、创造力在文案中的重要作用

企业与广告公司合作时，通常是看它的创意风格是否与自身企业形象或产品风格相契合，以及广告能否完成告知、劝服和提示这些基本任务。优秀的广告文案能否造成轰动效果，关键取决于创造力。

1. 有助于广告实现告知功能

优秀的创意文案会使广告更加形象、生动，广告能否完成告知任务，很大程度上取决于广告是否具有创意。好的创意文案可以启发消费者的思维，引起消费者的持续兴趣。常用的方法是，利用文字游戏、语言或视觉比喻等帮助消费者了解产品。

2. 有助于广告实现劝服功能

一个创意故事或创意人物足以在消费者心中对产品树立独一无二的形象，这是创造力帮助广告产品击败竞争对手的关键因素。例如，海尔公司推出的动画片《海尔兄弟》、孩之宝玩具公司推出的变形金刚等。广告运用这种表达形式，可在大众心目中留下更高层次的印象。当这种印象传播开来，产品的感知价值随之提高。

3. 有助于广告实现提示功能

有创意才能让广告充满趣味，不会令人产生乏味感。想要让消费者尝试你的产品或服务，只是不断重复毫无创意的广告语是不行的。例如，耐克的广告很少出现公司名字，只是在讲述一个故事，唯一的广告线索是那个单纯的、拉长了的"钩"。

广告中，一个中年男子在沙发上独白："要不是他，我的脚当时就废了。小时候踢球，脚踢断了，是他毫不犹豫地背着我去医院，我连谢谢都来不及说，他就消失了。"另一个男子独白："没想到他竟然在人人网上找到了我，好兄弟，不用说谢谢。"

人人网的这则广告文案，采用简单的独白方式，真情流露，告诉人们：通过人人网，可以找到多年不曾联系的好朋友，体现出"情系人人"这个主题。

4. 有助于广告产生轰动效应

优秀的相声作品，因为具备"包袱"这个关键因素，才会在某一瞬间让观众在大笑中产生共鸣。杰出的广告文案同样如此，必须在作品中加入夸张等创意元素，在某一瞬间让观众产生兴奋感，引起共鸣。

某方便面广告开始时，画面中有两位女子，一位正在看电视，另一位正准备享受她的方便面。此时，楼下电话铃声响起，那位正准备吃方便面的女子立即下楼接电话，看电视的女子立刻去吃方便面。

原来，那个电话是看电视的女子打的，她吃完后在方便面前放了一只猫。那位接电话的女子上来后看到一只喵喵叫的猫和已经被吃光的方便面空碗，只得无奈地摇摇头。

这个广告十分幽默，让人忍俊不禁。女子为了能吃到一碗方便面如此费尽心机，充分体现了这款方便面的美味。

◎ 做到这三点，你的文案将大放异彩

好文案绝不是文案写作者的自嗨，也不是高考作文要得满分，而是让大家立刻动身前往目的地旅行，或者看到自己很喜欢的物品即刻点击付款。

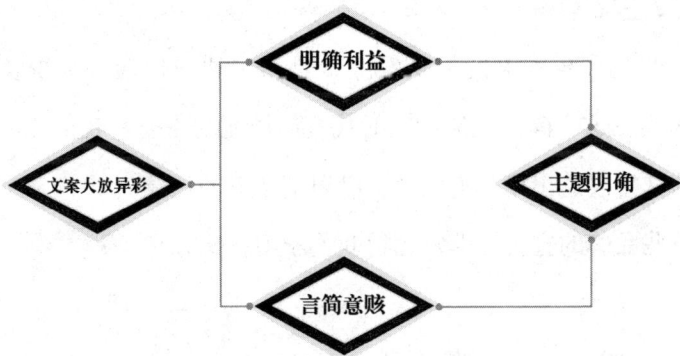

其实，这是有一定的难度的。

文案写出来，是给消费者看的，他们关注什么，我们就要写什么；消费者对什么有强烈的共鸣，我们就要在标题和内容里反复强

调什么；消费者相信哪些权威，我们就要让他们从头到尾感受到产品的权威。

从这个角度来说，文案写作更像"戴着镣铐跳舞"。

好文案，必须达到以下三点要求，才能让大家满意。

一、主题明确

广告文案中的文字要准确无误，语言通俗易懂，避免产生歧义或误解。最重要的是，不管是一句广告词还是一张图片，总要有一个明确的主题，突出你想让大家知道的内容，不能让人感觉不知所云。

可能是世界上最好的啤酒——嘉士伯

要想皮肤好，早晚用大宝——大宝

二、言简意赅

让我们印象深刻的好文案大多是简单的几句话，很少长篇大论，因为在这个碎片化阅读的时代，简洁尤为重要。我们要用尽可能少的文字表达出产品的精髓，吸引消费者的注意。

有些品牌的宣传语非常值得我们学习，比如：

穿着自然——班尼路

没有陌生人的世界——佐丹奴

聊天动手不动口——诺基亚

哪有什么天生如此，只是我们天天坚持——keep 健身软件

三、明确利益

文案必须直观地告诉消费者产品的价值有哪些、能带来什么好处、什么时候需要用到，以及如何使用才能让它的价值最大化。

为什么必须这样做？从某种程度上说，消费者购买的是产品的价值，而不是产品本身。

> 好吃看得见——康师傅方便面
>
> 让一亿人先聪明起来——巨人脑黄金
>
> 补钙新观念，吸收是关键——龙牡壮骨冲剂

短短一句话，就把该产品能为消费者带来的利益全部说出来，而且朗朗上口。这种明确利益的广告语，就像在消费者脑中打下一个烙印，消费者有购买这类产品的需求时第一时间就会想到它。

做到以上三点，你就是一个合格的文案写手了。但合格还远远不够，想要脱颖而出，要做到优秀才行。那么，如何才能做到优秀呢？

1. 正确认识自己的水平和市场需求，找准定位

你不能把自己的定位放得太高或太低，也不要把目标当成最初的定位，要正确认识到：广告要写给谁看？他们想看什么？消费者阅读时、阅读后获得什么样的感觉？他们看到你写的文案会怎么想？你的写作水平可以做到什么……

2. 确定自己想写什么、擅长写什么

比如擅长写商战小说，写文案时也要往这个元素上靠。

3. 学会劳逸结合

太用力的人跑不远。有时，坐在家里或工位上绞尽脑汁地想文案未必想得出点子，说不定下楼喝杯咖啡、吃个饭，灵感就来了。

4. 拥有有趣的灵魂

宽广的知识面不能保证有趣，但能保证你不无趣。一个周游了几十个国家的人，怎么都没有办法无聊；普通人家的孩子，如果保持好奇心，尽可能地体验人生，也会不无聊；多阅读，也是获取有趣最有效的方法。

Part 3 好标题是基础中的基础

做营销的人都明白标题的重要性，也做过标题党。

一般来说，标题好，意味着可以激起用户点击阅读的兴趣。文章的基调是从标题开始的，这就定格了文章应该怎么写，往什么方向去写。

◎ 标题好，还须和产品相关联

新媒体文案有所谓"打开率"的概念，它是指，在折叠栏里点开公众号文章的人数，除以文章推送的到达人数（粉丝数）。

文章的打开率，90% 取决于文章标题。如何用鲜活的标题提高文案的"打开率"，拟一个带有冲击力的标题是文案写作的基本修炼。

为什么近年来微整形成为女人圈中的热门话题？原因很简单，只需通过简单的微整手术，就能让女人看起来更精致、更漂亮，应该没有人觉得现在的人只注重内在美吧！

记得《穿普拉达的女王》里面有个经典画面，当时尚女王评论刚入行的菜鸟女助理时，她说道："你今天从衣柜里找出这件松松垮垮的蓝色毛衣时，仿佛在告诉全世界你的特立独行，在价值几千亿的'时尚资本链'面前，你只关注你的内在美。"没有一个过得去的外表作为前提，谁会想要欣赏你的内心？

同样的道理，标题没有写好，根本不会有机会让他人注意和阅读你的文章。因此，从文案和内容营销的角度来看，写好标题是一个关键技能。

很多文章的内容很好，但阅读量惨淡，原因之一就是标题不够吸引人。没有阅读量，文章写得再好也是白搭。

这里有一些有趣的统计数据。平均而言，10 人中有 8 人会阅读标题文案，但只有两个人会继续读下去。这就是标题力量的秘密，它高度决定了文章的有效性。

标题好，还需和产品相关联

文案人应该把一半时间花在如何写一个诱人的标题上，因为标题决定了文章的打开率。可是，如何写文案标题才不会让人觉得你档次低，一看就知道你在做广告？

《我准备了 100 张免费机票和 10 万次逃离：4 小时后又逃离北上广》，看到这个标题，你的第一反应是什么？是不是觉得特好玩？觉得某个大咖钱多得发慌，组织了一次免费旅游活动？不管是什么原因，总之免费，那就点进去看看吧。

原来，这是某微信公众号发起的活动，第一次逃离北上广时便引发轩然大波，刷爆朋友圈。第二次它如法炮制，将免费机票数量从 30 张增加到 100 张，且增设了 18 万份滴滴专车大礼包让用户去抢。毫无意外，这次活动再次刷屏，微信阅读量短短 30 分钟便冲破十万大关，最终破百万，吸粉无数。

许多人可能会说："这种标题我们也会写，只是没成功而已。"想想看，你为什么没有成功？因为你没有做到"卷入"核心客户。

加拿大著名传播学家麦克卢汉提出一种"卷入"机制："正是来自世界各地的新闻和图片组成的普普通通的信息流，重组了我们的精神生活和情感生活，无论我们是抱着抗争还是接受的态度。"

当我们被卷入这些信息流时，大多数人抗争便代表这些信息不被认同和传阅；当大多数人接受时，则表示这些信息已然被接纳并传播。

"逃离北上广"的活动，成功地将人卷入进去。

首先，北上广的房价之高众所周知，生活压力之大也让众多打工者深有感触，所以当有机会零成本逃离北上广，自然会吸引许多有理想主义情怀的人参与。

其次，这个活动真正调动了全民积极性，从拔腿就走到朋友圈转发，再到群里讨论、围观直播写评论，任何人都能参与，而且以参与为"荣"。所以，这样的一场活动不可能不火。

最后，这场活动真的免费。但理智的人都知道，活动开销其实是由各大品牌商埋单了，然而，作为消费者不用自掏腰包还能满世界游逛，这机会不是天天有，更不是人人有，管你谁掏钱，只管自己玩好就行。组织方将购票、规划路线、选定酒店等细节全部搞定，参与者只要全程出行即可。

这种省心省力的旅游，自然好评如潮。况且，按照吃人嘴软、拿人手短的理论，因为不用付钱，就算有些不如意，谁又好意思给差评？所以，这场活动的爆炸性影响就出来了。

就是这么一个标题，成功让数百万粉丝戳进去。虽然他们明知道这是一场精心策划的营销活动，组织方肯定有所图谋，但作为普通参与者却一点儿也不反感，丝毫不觉得这些广告烦人，反而心中隐隐期待这种活动每天来一波！

最后，该公众号与奥迪汽车、滴滴打车、兰蔻化妆品、QQ音乐等赞助商赚得盆满钵满，其中兰蔻赚得最嗨。

因为兰蔻专门设计了一款价值千元的"逃离包"，将年轻人的旅游与逃离相结合，赠送给第一批赶到机场取票的人。"逃离包"内装兰蔻空气感防护乳，让逃离者瞬间感觉国际化、高大上，然后各种得意、分享。就这样，低成本裂变式的传播为国际化妆品品牌兰蔻做了品牌宣传。

看了以上案例，有人提出疑问：是不是完美的标题一定要隐晦，将要售卖的产品换一种方式说出来呢？当然不是，再看下一个案例。

　　"三九胃泰"是三九企业集团的重点产品。1989 年，三九企业就曾邀请著名影星李默然为"三九胃泰"做广告宣传，开明星做产品代言之先河。该广告形式直接，覆盖率高，而且因为李默然的代言活动，引发"明星是否可以出任广告代言人"的全国性争论，使"三九胃泰"声名鹊起，获得极佳的市场销售业绩。

　　随着时间的推移，同类产品在医药市场上大量涌现。"三九胃泰"虽保持了较高的知名度，但销售额出现大幅下滑的趋势。为了重塑"三九胃泰"的品牌形象，使之保持市场上的领先地位，三九企业重新设计了广告和文案。

　　进一步的市场调查发现，胃病是目前社会上一种很普遍的疾病。接受调查的消费者中，九成以上承认自己有轻度胃病，于是广告策划人与三九企业沟通，结合"三九胃泰"的特点，决定将产品功能定位为治疗轻度胃病，目标消费群为 35 岁以下的人群，尤其是 20 ～ 35 岁的年轻白领。因为这群人正在为事业打拼，工作忙碌，饮食不规律，是轻度胃病的易发人群。

　　讨论时，策划小组成员相互询问："如果你得了轻度胃病，该怎么办？"

　　结果，他们的答案惊人一致，代表性的说法是：这点儿小胃病算什么，挺一挺就过去了，难道为了这点儿小胃病还要请假上医院、耽误工作吗？

　　于是，重塑"三九胃泰"形象的广告策略应运而生，核心是提炼出"小胃病"这个新概念，下一步考虑的就是广告的表现形式问题。

"为家庭、为事业拼搏"，这是年轻人普遍的心声，但如果加入性别因素，无疑更容易得到男士的认同。现实生活中，男士往往更容易忽视自己的健康，他们恰恰是最需要"三九胃泰"的人群。于是，广告策划人决定让男士担任广告的主角，让男子汉气概与小胃病形成强烈反差，以体现产品背后的人文关怀。

新的"三九胃泰"广告诞生了。这是一个时长十几秒的电视广告，由著名影视演员胡军担纲代言人，以胡军拍戏的场面为大背景：下雨的夜晚、拍戏用的吊车、幽暗的灯光、汽车里扭曲的脸、冒着热气的茶杯……随着电视画面的快速转换，胡军以充满磁性的声音，说出下列台词：

男人，就得为家庭、为事业拼搏。

工作熬夜，吃饭不规律，胃部难免有点儿小毛病。

只要治疗得当，这点儿小胃病算什么！

三九胃泰颗粒，精选八味中药，治疗小胃病。

小胃病，请用三九胃泰！

正是从这则广告开始，"小胃病"这一概念深入人心，且与"三九胃泰"产生极强的关联性。至少在今后相当长的一段时期，犯有小胃病的消费者都会自然而然地想起：小胃病，就用三九胃泰！

广告策划中，一个新概念或新标题的创作，绝不是无中生有的，而是通过前期的市场调查和与消费者展开积极沟通的结果。广告策划人站在消费者的角度，揣摩他们的消费需要和消费心理，感同身受，从而找准他们的诉求点。这样策划出来的广告，才更容易得到消费者发自内心的认同，取得良好的市场反响。

　　如何写出完美且不遭人厌的广告文案标题呢？不妨从以下四点入手。

一、让标题充满紧迫感

　　即在标题中加入时间元素，塑造迫在眉睫的紧张感，给消费者一个立即采取行动的理由。

　　原标题：年轻人，就是要玩得疯一点！
　　修改后：再不疯玩，我们就老了！

　　原标题类似口号，空喊让年轻人疯玩，却缺乏真正让年轻人去玩的动力。修改后的标题，在时间上给了年轻人很强的紧迫感：时间过得很快，转眼就会老去，要趁着年轻赶紧去玩自己想玩的。这符合中国人的现实生活，更能抓住消费者的心。

　　原标题：钱存银行，不如买房！
　　修改后：今天不买房，明天泪两行！

　　原标题强调花钱投资房产比将钱存在银行的收益更大，结合国内住房的实际情况，确实是这样。但是，买房毕竟需要一大笔钱，不是所有人买房都是为了投资，更多的是刚需。刚需消费者常常因为手中的资金问题，因房价动荡而迟疑、犹豫，因此原标题的效果并不是很理想。

修改后的标题效果更佳，以今天不买房，明天房价又涨了，营造出买房的急迫感，促使消费者停止犹豫，立即行动。

二、设计别具一格的标题

标题的独特性，不是让标题显得多么另类，而是通过全新的方式演绎耳熟能详的事物，标新立异的同时还不落俗套。

原标题：韩国××沐浴套装，9折优惠！

修改后：为什么韩国女性的皮肤都吹弹可破？

打折商品确实价格优惠，但不及让女人变美那么有诱惑力。要知道，女性对美的追求犹如人类对光明的诉求，所以，将能让人变美的因素搬到台面上，任何时候都比直接打折更能打动女人的心。

原标题：学点礼仪，商务谈判更轻松！

修改后：你的礼仪价值百万！

这是××礼仪培训学校的招生文案。中国是礼仪之邦，学点礼仪不仅能让自己更优雅，还能让周围的合作者如沐春风。这个道理谁都懂，但如何实施？去××礼仪培训学校就对了，因为它能为你带来百万利润。谁不心动呢！

三、明确具体地写出好处

即特定的环境中，文案的每个字都准确无误，不能让消费者产生歧义。

原标题：××海洋馆套票200元／人，3人团购享8折优惠！

修改后：××海洋馆通票开团，200元玩嗨全场！

这是××海洋馆的团购文案，原标题中用的是套票，意思是只能玩一部分娱乐项目，其他新开发的娱乐项目需要另行购票。

修改后的标题是通票，全馆的任何娱乐项目都可随意玩。试想，因原标题而拼团的游客，在游玩途中又被要求购买其他项目门票，会不会有上当受骗之感，继而降低对景点的好感度呢？

四、让受众知道自己能得到什么

顾名思义，是从实操性角度为消费者提供实际上的帮助。

原标题：怀孕了，该不该做家务？

修改后：怀孕6个月，弯腰不方便，家务事怎么办？

这是一款扫地机器人的广告文案。原标题的点击率不低，但点进去的多半是身怀六甲的女性，她们带着同样的疑问希望找到一个解决问题的完美方法。

修改后的标题让人眼前一亮，怀孕6个月还在为家务事操心？这是怎样一个故事，点进去看看再说。然后，消费者就看到文案中赫然写道：

老婆怀孕快 6 个月了，弯腰不太方便，我平时不擅长做家务，再加上最近工作繁忙，所以刚刚定了一款 ×× 牌扫地机器人，等待惊喜中……

毫无违和感，无论是怀孕的还是没怀孕的、男士还是女士，都瞬间被这款扫地机器人吸引了。

所以，为了带来更高的转化率，无论是纸媒体还是新媒体都须重视标题，做个优秀的"标题党"！

虽说很多人对"标题党"反感，但不得不承认，同一内容，标题被精心包装后会更吸引人。既然如此，何必抗拒？如果能写出丝毫不让人察觉到是赤裸裸广告的文案，做个"标题党"又何妨！

◎ 有悬念的标题，让消费者难以抗拒

先讲个案例。

有家新开的饭店生意不好，每天除了几个老熟人来捧场，几乎没有新客人。老板很着急，寝食难安。经朋友介绍，有个广告策划

高人给饭店老板出了个主意，让他在饭店外墙上装饰一个非常漂亮的橱窗，并在橱窗上打孔，挂上一个很醒目的牌子，写着："不许偷看！"

自从牌子挂出去后，饭店每天都人满为患。因为牌子上的四个大字一下子勾起人们的好奇心，都忍不住从小孔往里面偷看，结果看到的是饭店正中央的八个大字：美酒飘香，请君品尝！

在大家争先恐后偷看的那个位置，一瓶打开的美酒香气四溢。许多人看到这一幕并不觉得自己被骗，反而会心一笑，被老板的聪明才智折服，并在潜意识中认为这里的酒必定有与众不同之处，于是走进这家饭店一饮为快。因此，这家饭店的生意越来越兴隆。

可见，想要让一个人心甘情愿地做某件事，可以从改变其潜意识开始。只要他的潜意识接受这件事物，就会达到预料之中的效果。

人的潜意识对什么最敏感？是让人们好奇的东西。因此，营销过程中，谁能引起客户的好奇，谁的销售就成功了一半。

文案标题也一样，想要瞬间勾起消费者的馋虫，必须将文案标题做成"谜案"。比如：

他坚持每天晚上都吃一颗枣，十年下来，头发竟然变成了这样。

变成什么样了呢？点进去看看。

×××官宣了，这次他终于成功了！

什么？我爱的明星官宣了？赶紧进去看看！这种文章的点击率自然不会低。

不会吧？ 89 岁的老奶奶竟然爱上了长跑。

89 岁的老人还能跑？还长跑？这就跟吃饭居然咬到脚趾头一样，让人觉得不可思议。人们点进去看了之后才发现，原来是老人借助了原地辅助跑的设备。

看完这几个例子，你一定很想知道如何才能勾起消费者的好奇心。很简单，了解人的欲望就行。或许有人会说，那不是扯吗？人有万千，想法各异，怎能知道别人的欲望呢？

归根结底，人类几乎所有的欲望都源于两件事：生存和繁衍。

先说生存。人们对食物、空气、水等基本生存条件都有要求，谁都希望自己能幸福从容、平和安逸地活着，所以衣食住行样样都讲究。

再来说繁衍。换言之就是找配偶，为什么女的喜欢找高富帅，男的喜欢找白富美？不单单是为了追求物质、养眼，还为了确保后代有优良的基因。

讲到这里，或许很多人已经按捺不住，觉得这跟写文案有什么关系？

当然有关系，而且关系密切！因为有讲究、有寻觅、有选择，就会激发人的欲望。只有了解到人的深层次欲望，文案才能走入消费者的内心，让对方启动购买程序，实施购买行为。

一般来说，人类的生存欲望和繁衍欲望如下：

①避免劳累，享受舒适的生活；

②保持青春、健康、有活力；

③享受美食；

④长寿，免受疾病痛苦，远离生命危险；

⑤获得良好的社会地位，避免被社会边缘化；

⑥有满意的伴侣；

⑦保护好家人。

知道了人的这七种欲望，我们就能深入消费者的内心，种下好奇的种子。比如，要写一款刮毛器的文案。

原文案：

图片：一个女人在用刮毛器

文案：快来用 ×× 刮毛器

干净……

安全……

卫生……

美观……

便宜……

很多人看完这篇广告，并不打算购买，毕竟它也不是必需品。如果将文案换成这样，效果就另当别论了。

修改后：

图片：气球

文案：××女用除毛器，女士们看了还不心动？这么干净的效果啊……

有趣吗？新的文案换了图片，只强调了一个效果：干净。

这就是客户的心理。大部分人会被标题吸引，点进去看看这款脱毛器究竟能刮得多干净，而且会无法抗拒。

再列举几个利用人类欲望勾起好奇心的标题：

玩转 office，明天早下班！

这是不是比烂大街的"7 天变身 office 达人""轻松 hold 住办公软件"之类的标题更吸引人？因为它能让我们早下班！这个标题符合人们的第①种欲望：避免劳累，享受舒适的生活。

对上班族来说，早下班是多么幸福的事儿。深藏在消费者心中的美好愿望，被这个标题挖掘出来，所以人们瞬间对 office 技巧充满好感与好奇，就算花钱学也心甘情愿。

像口红一样的充电宝，你去哪儿，它就去哪儿！

大个头的充电宝因为太重，很多人不愿意带，所以号称移动电源的充电宝并没有起到应有的作用。这款充电宝体积小、容量大，便于携带。这个标题让人们的第①种需求得到满足，能解决生活问题，提高生活质量。所以，这款充电宝一经推出就成为爆款。

对许多自媒体文案工作者来说，为了吸粉，哪怕只是让消费者点击进来看一眼，都会使出浑身解数。对商品推广文案工作者来说，文案标题关系到产品销售情况，消费者看到后会在一两秒内做出决定，是点击进入继续阅读，还是直接跳过去。所以，标题比内文更需要花心思研究。

设问是一个很好的拟标题方式，往大了说，它直通人性；往小了说，能让人刷出存在感。比如这个标题：

鞋子上有 300 个洞，为什么还能防水？

这个标题的科技感很强。人们对"科技"二字往往毫无招架之力，会热衷于缩短自己与科技间的距离，"为什么"则能快速勾起人们求知的欲望，这就是人性。如果有一双这样的鞋子，人们会在心理上产生比别人更多的优越感，因为这种鞋子不是人人买得起的。

我们对标题产生好奇，多半是出于对某种人类欲望的追求。在消费者心中种下好奇种子的标题，会让消费者产生愉悦的阅读体验，更容易达到销售的目的。

◎ 控干标题里的"水分"

在没有电话的年代，电报是昂贵的通信工具，按字符收费，就连标点符号都算上。所以，发电报的人会将所需传递的内容精简再精简，直至不能精简了才发送。

文案标题同样如此，每个字都是精华，每个符号都要用得恰到好处，不偏不倚，直抵消费者的内心。否则，就算文案内容写得再精彩，排版再精美，消费者不点开标题看，这篇文案也就没有任何意义。

电报式标题，是不是意味着一定要短小精悍？这里说的电报式标题，是指每个字都要精心打磨、恰到好处。如果不能引起消费者的共鸣，触发消费者的内心诉求，即便标题只有两个字也嫌多。

我们来分析几个成功的案例：

再小的个体也有自己的品牌——微信

这是微信公众平台的文案。在自媒体刚刚兴起时，这句文案简直堪称神作。

纸媒时代，普通人想在报纸杂志上发表文章要受各种限制，如写作题材、时间、类别等，所以很多民间写作高手被时代雪藏了。如今，微信公众号让所有人都能成立自己的"报刊"品牌，在自媒体平台上畅所欲言。

这个文案的字数不多，却一下子抓住了小人物想有大成就的心理，所以迅速走红。

人类失去联想，世界将会怎样——联想

这个文案巧妙运用"联想"这个名词，一词双义，把世界与联想品牌联系在一起，成功地让人们知道了联想的重要性。没有一个多余的字，却瞬间让人们记住"联想"这个品牌，无疑是广告策划人一个非常棒的文案。

致那些使用我们竞争对手产品的人，父亲节快乐——杜蕾斯

用避孕产品的人都有一个共同心理：不想过父亲节。杜蕾斯拐弯抹角地"抹黑"了所有对手的产品，同时巧妙地将自己产品的质量优势放大，无形中让人记住这个颇具调侃意味的文案以及产品品牌。

鲜香自然，不加味精——好记有机酱油

食品安全问题让人闻之色变，如何让自己的产品与众不同且绝对安全？好记有机酱油的广告做得很好，它在标题中明确地告诉消费者：我的与众不同以及原因——不加味精。

当下，新闻上时有报道"人造"酱油不合格，"人造"鸡蛋不能吃……久而久之，消费者恨不得将所有带有"人造"字样的食品全部打入冷宫。这时，冷不丁有个绝对原味的产品出来，消费者选购酱油时肯定会优先考虑。

饭后嚼两粒，关心牙齿，更关心你——益达

不得不说，这是个堪称经典的文案，让人一吃饭就想到益达。

许多人不具备吃完饭刷牙的便利条件，益达则解决了这个问题——它不但可以帮助人们清洁牙齿，而且唇齿留香，让身边的人也感觉非常好。

"关心牙齿，更关心你"，一句话瞬间拉近人与人的感情。在这个靠手机维系感情的年代，能粘住用户的东西不多，益达口香糖成功做到了这一点。

电报式文案标题词简而意丰，将无限的情感浓缩进有限的文字，给人回味和想象的空间。

成功的文案标题，不是说要一下子将所有信息都传递给消费者。产品信息那么多，既要给出突破点，又要给出促使购买的信息，还要表达产品质量，如果一股脑儿地扔给消费者，只会引起消费者

的反感。而且，信息太多，反而让人抓不住重点。

写文案标题应该抱着这样的想法：以最小的成本，得到最大的收益。要像武林高手会"点穴"一样，找到牵一发而动全身的那个"穴位"，重点发力。

想要精简文案标题，练成"点穴"神功，只须做到以下两步。

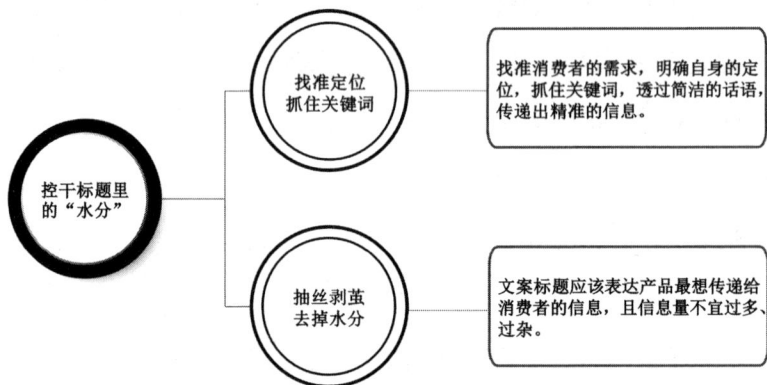

一、找准定位，抓住关键词

生活中，我们常常会被突然出现的画面或某人脱口而出的话语击中，内心掀起千层巨浪。

事实上，每则经典的文案标题都要呈现出这样的画面或话语，传递能够引起消费者共鸣的关键信息。与生活中无意识的信息传递不同的是，每则文案标题的创作都需要文案工作者找准消费者的需求，明确自身定位，抓住关键词，通过简洁的话语，传递出精准的信息。

常言道，"兵不在多，在精"。好的文案标题，是一句话胜过千言万语。那些堪称经典的文案标题都是极简主义，通过简单且朗朗上口的句式，传递出消费者的诉求和与产品的联系。换言之，就是用极其简洁的话语，向消费者传达产品的定位，以及能够满足消费者的具体需求。这样的标题，自然能直击消费者的内心。

　　还有一些厉害的文案人总结出"承诺 + 清单式标题"，几乎成为屡试不爽的标配。比如：

10 种成为好主管的方法……

3 个步骤让你的生活更快乐……

16 个细节看透人心……

　　找准定位，让你感觉点开标题还没读完就能成为好主管，也能看透别人的心。一般的标题不爱看，没关系，恶趣味一点儿，你一定会点开。比如：

　　《七男大战一女》——打开一看，发现其实是《葫芦娃》。

　　《短裙、豹纹、细腰的嗜血杀手》——打开看后，竟然说的是孙悟空。

　　《震惊！一家 34 口灭门惨案》——看配图才发现是 34 只老鼠。

二、抽丝剥茧，去掉水分

　　文案标题应该表达产品最想传递给消费者的信息，信息量不宜过多、过杂，否则结果只有一个，就是所有信息都被湮没，消费者什么信息都没有接收到。

因此，一个吸引消费者注意力的好标题，一定要精简、精简、再精简。

原标题：

挑战行业底线零基础就业班，本周只需 5000 元！

→告别 10000 元以上的高价培训，勇于挑战自身的潜力，职业道路上不再坎坷！

修改后：

挑战行业底线零基础就业班！

→告别万元培训，本周只需 5000 元！挑战潜力，职业路上不坎坷！

前后对比，很明显，修改后的句式不仅更容易被人记住，排版也更美观。

其实，文案标题控水不难，只要你掌握下面六种技巧，就能把标题写得短小精悍。

1. 减掉一切不必要的文字

当你对标题很满意时，尝试再减去三分之一的文字。

原标题：

女子在朋友圈辱骂朋友被起诉，结果法院判她在朋友圈向朋友道歉 3 天，赔偿 5000 元。

修改后：

女子在朋友圈辱骂朋友遭起诉，法院判其在朋友圈道歉 3 天，赔偿 5000 元。

两个标题传达的意思是一样的，但对比起来，修改后的标题更简练。

2. 删去与关键字无关的文字、词语

原标题：

旅游是一件很快乐的事，仅需 3500 元就能玩得痛快，包住宿 2 天 3 夜游海南。

修改后：

3500 元，2 天 3 夜畅游海南！

原标题的关键词是什么？旅游、3500 元、2 天 3 夜、海南。提炼出关键词后，把无关的修饰词、文字删掉，按照逻辑重新组合就可以得到精练的标题。

3. 删掉重复词语，试试看还能不能用更短的词汇代替

原标题：

2021新款春装韩版潮男毛衣男装百搭纯色毛衣全棉针织衫

修改后：

2021新款春装韩版潮男百搭全棉针织衫

其实，如果作为电商平台的产品标题，原标题是没有问题的，因为尽可能多的关键词能提高产品的搜索率。如果是宣传用途的文案标题，原标题就显得可惜了，没有几个人有耐心看这么长的标题。所以，文案写作者要把重复出现的词语删掉。

4. 使用关键词，让标题看起来很"短"

原标题：

许多女人为了年轻，坚持每天都敷两片面膜

修改后：

女人、年龄和面膜

选取原标题中的"女人""年龄""面膜"三个关键词做标题，更加简短，更能勾起人的好奇心。

5. 用特定句式让文案读起来更顺口

原标题：

让流利的口语点亮你的未来

修改后：

多一种语言，多一种人生
学好语言，高薪工作不是梦

原标题是完整的长句，第一种修改方式是把长句改成对仗句式，读起来朗朗上口；第二种修改方式是把长句变成长短句式，读起来更有力度。

6. 将长句子断句

原标题：

北京车主可免费领取价值100元的加油代金券，还不快来？

修改后：

免费领取100元加油代金券，只限北京车主！

相同字数的文案，有断句的文案更容易记忆。在一版报纸上，你的标题至少要与四五篇文章竞争消费者的注意力；在手机新闻网页中，你的标题至少要从十几篇文章中脱颖而出才能被点开；在电脑网页中，你的标题至少要与几十篇文章过招才能胜出。

研究表明：互联网环境下，用户关注一则广告的时间平均不超过两秒钟。也就是说，消费者是以飞行的速度穿越广告丛林，绝不会在毫无兴趣的地方停留片刻。所以，用电报的方式讲清楚内容，文字简洁，直截了当，不跟消费者捉迷藏是文案人必须修炼的基本功。

◎ 尝试"负面标题"带来的流量

负面标题比正面标题更能引起我们的注意，比如：

原标题：我们应该这样吃萝卜

修改后：震惊！吃萝卜竟然会短命！

显然，后者可能有更高的点击率。我们的大脑处理信息时，会给危险信息以更优先的权重，比如人身安全、待遇不公等，都能激发大脑中的警觉性，这也是人类进化的结果。

我们的祖先在面对生存环境中的危险因素时，必须有敏捷的反应才能有更高的生存率，这是上万年演化筛选的结果。所以，我们都是"受迫害妄想狂"的后裔。

人脑给予优先权重的信息主要为四类：恐惧的、激动的、新奇的、困惑的。那些惹人疯转的爆款文案，绝大多数是这四种类型，而且文章标题也将这四种信息展示发挥到极致。

例如，恐惧感是人类最原始的情绪之一。如果说快乐是诱惑我们行动的胡萝卜，那么，恐惧就是驱使我们行动的大棒。大棒比胡萝卜更有效，很多商品的广告宣传就是利用我们的"惧"这种情感，如惧怕肥胖、惧怕衰老、惧怕落伍。担忧自来水的水质问题，催生净水器行业蓬勃发展；担忧食品安全问题，催生有机食品行业前景广阔；担忧 PM2.5 问题，催生空气净化器行业竞争激烈。

某些保健品广告也是如此，本来很普通的小毛病，偏要举出吓人的例子，然后，用他们的保健产品或服务才能保证健康。比如，有的广告宣称"少妇因老公打鼾而离家出走"；某前列腺疾病预防广告宣称，不及时预防可能会导致严重的后果……这些只是一种"可能"，并且是小概率事件。

行为经济学研究证实，人们总是"执着于小概率事件"。比如，乘坐飞机其实是比在大街上走路更安全的交通方式，但很多人有飞行恐惧症，却没有散步恐惧症，当潜在患者看到这些广告后就会心神不宁。

社会心理学家已经花了半个多世纪来研究恐惧症。比如，出售一块制作环境卫生、质量合格的白面包，它很难跟恐惧相联系，直到商家向消费者展示精白面粉有可能致癌的研究报告，开始有人对白面包产生恐惧感。再如，一间布置温馨的房间很难让人产生恐惧感，商家又拿出一份检测报告，说无色无味的甲醛宛如幽灵一般，当你在家里安安稳稳地睡觉时，它们可能正从家具里缓慢释放出来，致使你和家人患上癌症。

　　只要有理有据，都会驱动人们去消费购物来消除恐惧感。

　　登录美国某著名品牌洗手液公司的官方网站，你会看到诸如此类的科普：2003 年，由美国微生物学会组织的调查发现，95% 的美国人声称自己在使用公共厕所后会洗手，但实际上很多人是光说不练。比如，使用机场公共厕所的乘客中，在纽约机场从不洗手的超过 30%，在迈阿密机场有 19%。

　　1972 年，《美国医学会杂志》发表了一项研究：他们收集了来自 200 枚硬币和 200 张纸币的病毒，并在 13% 的硬币和 42% 的纸币上发现了粪大肠菌和葡萄球菌。这篇论文得出的结论是："钱，真的很脏。"

　　看了这些内容，你会意识到，这个品牌的洗手液简直就是为了解决这些问题生产的，几乎有百分之百的理由购买这个品牌的洗手液，因为它能够杀菌。

　　1900 年，李施德林漱口水（Listerine）利用令人不快的词语"口臭"掀起一阵热潮。 1919 年的《妇女家庭杂志》上，"奥多诺"止汗剂的广告文案撰稿人用了这样一个标题——"在女性臂弯里"，这简直让人大跌眼镜，也导致很多女士对自己的"高雅品位"产生怀疑。

这些广告都对人们造成了恐惧感。结果，李施德林漱口水现在拥有高达 53% 的市场份额，奥多诺止汗剂也凭借特立独行的广告标题将销量提高了 112%。

一般而言，这类广告文案分为陈述事实和给出方案两部分。

陈述事实：据统计，即使是每天清洁的家，平均每张床、被褥上的螨虫至少有 1500 万只。

给出方案：发现一款超给力的除螨吸尘器。我们一生中约有三分之一的时间在床上度过，但在每个床垫中都能找到近 200 万只尘螨，这意味着床垫中有 4000 多万颗尘螨排泄物。为此，戴森工程师研制了吸力强劲的手持式吸尘器。

为什么这种广告往往能够奏效呢？

一言以蔽之：压力。恐惧带来压力，压力导致人们产生购买欲。流行病会让人产生怕被传染的压力，错过一次大减价会造成心理失落的压力，不知是否选择了合适的轮胎会导致关心汽车行驶中个人安全的压力……

如果你已经确定自己的产品或服务确实能够缓和某种能造成恐惧的问题，你还需要知道触发恐惧的步骤。

《宣传时代》一书中，作者普拉卡尼斯和阿伦森提出，具备以下条件时，恐惧心理最有效：

1. 把人吓得失魂落魄时；

2.能为战胜那种引起恐惧的威胁提供具体建议时；

3.对方认为推荐的方案能够有效地降低威胁时；

4.消费者相信自己能够实施广告推荐的行为时。

这种策略的成败，依赖上述四个要素是否全部具备，缺少其中任何一个都不会奏效。

此外，广告策划人还要把握一个度，如果你在人们心里引起过度的恐惧，结果没准会适得其反，把人们吓得不敢采取行动。只有潜在客户相信自己有力量改变处境时，恐惧才会激发他行动起来。这意味着，为了巧妙而有效地引起恐惧，你在广告中推荐消除威胁的方法必须具体，既可靠又有可行性。

◎ 10 种神奇的标题句式，帮你轻松写出好标题

标题是广告的广告。

各类文案创作中，标题的类型、技巧早就被文案创作者深入探讨，并应用于文案创作中。每个创意人员都希望避免公式化的风格，尽可能地发挥原创性，开创全新的表现方式。

一个成功的销售广告，有吸引力的标题占据 80% 以上的因素。

所以，好的标题，最重要的一点就是激发消费者的好奇心。

下面一起看看这些神奇的魔法标题句型吧。

十种神奇的标题句式

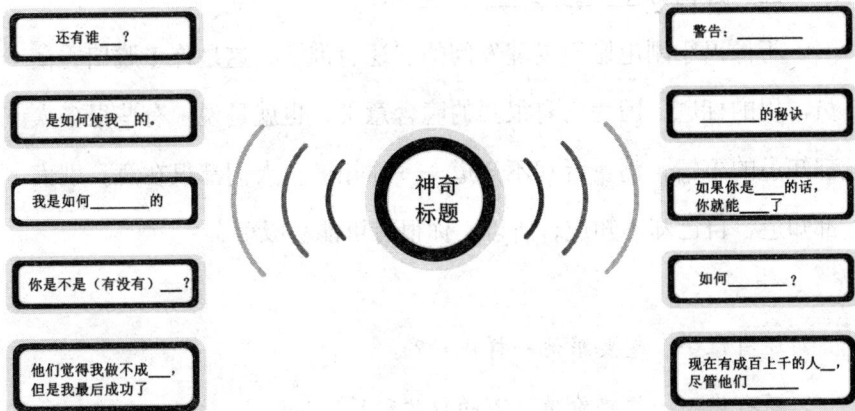

还有谁___？

是如何使我__的.

我是如何_____的

你是不是（有没有）___？

他们觉得我做不成___，
但是我最后成功了

神奇
标题

警告：_____

_____的秘诀

如果你是___的话，
你就能___了

如何_____？

现在有成百上千的人___，
尽管他们_____

一、 他们觉得我做不成 _____，但是我最后成功了。

这是一个欲扬先抑的标题句型，也就是先说反面情境，再给对方一个出乎意料的结果。

这是非常有效的标题，原因有很多，包括我们的人性里面都有同情受压迫者的天性。

我们陶醉于一个人克服巨大困难、战胜周围人的揶揄，最终取得胜利的故事。就好像很多人喜欢看周星驰的电影一样，人们总喜欢有点儿艰难但最终成功的戏剧性情节。

虽然他们都觉得我不行，但我每天早上5点就起来学英语。就这样，我竟然在三个月内完成了英语六级课程的学习。

既然他们都不看好我，那么我也对自己的努力闭口不谈，只是默默承受，直到有一天一鸣惊人。

二、还有谁 _____？

不像冯小刚电影里灵魂发问的"还有谁"，这是许多脱口秀演员常用的标题，因为它有很强的隐含意义。也就是说，有些很多人都知道的事情，消费者却不知道——你知道，人们都很在意，别人都知道，自己却不知道，所以，你很有可能被吸引。

还有谁……想要跟他一样成功？

还有谁……想要价值百万的口才秘籍？

三、是如何使我 _____ 的。

这个标题跟第一种标题句型结合起来效果最好。它让你现身说法，讲述自己的故事，因为人们都喜欢听故事，热衷他人的传奇故事。由于人与人之间的差异，以及人的好奇心，这个标题看起来很有效。

瑜伽，是如何使我从驼背变成S型曲线曼妙身材的。

一件令我尴尬的蠢事，是如何成就了我的英语天才的。

四、你是不是（有没有）_____？

设问式的文案标题中，通常运用问题和回答组织标题，往往能在第一时间引起对问题解决方法有迫切需求的消费者的注意。

　　这类标题在电视广告中十分常见，如葵花小儿肺热咳喘口服液的广告，通过"孩子感冒发烧老不好怎么办？"这一问题引起观众的兴趣，在观众思考时将产品作为答案登场亮相，更容易得到观众的认同，也让观众更容易接受接下来的文案内容。

　　你有没有为你的房间里发出的气味而感到不好意思呢？

　　你是不是比你的老板更聪明？

五、我是如何 ＿＿＿＿＿＿ 的。

　　这个标题跟"＿＿＿＿ 是如何使我 ＿＿＿＿ 的"很类似，是吸引一个人现身说法。很明显，后面成功的结果大小决定了这个标题能不能成功。

　　我是如何在一年之内由露宿街头成为成功人士的？

　　他是怎样在 24 岁就独自买了 ×× 市的三套房？

六、"如何 ＿＿＿＿＿＿"

　　这是一个既简单又直接的标题结构，适用于任何形式。"如何"是标题中所能使用的最有力量的词，激发了人们的好奇心。

　　如何在一年之内轻松收入百万？

　　每天都有做不完工作的打工族，如何舒舒服服地做老板？

七、如果你是 _____ 的话，你就能 _____ 了。

这是"标记"技巧的一种变形，为了让标题更有针对性。

如果你是一个不喝酒的人，就能省下来20%的钱投资在学习上了！

如果你不抽烟，你现在都能买一辆价值不菲的跑车了！

八、_____ 的秘诀。

"秘诀"一词，比起平铺直叙的文字能起到更好的作用，好像别人几年甚至几十年传承的精华，真的能通过几字箴言就让你大彻大悟。虽然这种机会少之又少，但仍阻挡不了我们探寻"秘诀"的好奇心。

如何撰写成功销售广告文案的秘诀？

×××青春的秘密，点进来就告诉你！

九、现在有成百上千的人 _____，尽管他们 _____。

看到这个问题的巧妙之处了吗？实际上，"成百上千的人"指的是消费者。我们不直接说是消费者，而是通过别人的负面情境暗示消费者的失误，显然很有用。

97%的人认为投资是需要时间、资本、承担风险的，那是因为他们不了解如何巧妙地使用杠杆借力这一强大的赚钱工具……

十、警告：_____。

"警告"是一个有力且可以吸引别人注意的字眼，适合用于那些帮助解决问题的销售信函。

警告：在你看完这篇文章之前，请不要在你的营销上多花一分钱！

Part 4　好观点是好文案的大旗

　　如果一段文字没有清晰的"观点"，它便是一篇空洞的"口水文"，也就是常说的"满篇废话"。你所要表达的是一句废话，即便文字技巧再高超、文采再出众，也不能让消费者感觉到表达的力量。

　　没有有力的观点，便称不上有力的表达。我们看到很多有力量的文字，其实都是源自一个有力的观点作为内核。

◎ 认识与区分广告文案和新媒体文案

日本作家铃木光司说过：说花美，就会有人说"也有不美的花"，预想到会有这种抱怨，于是写："既有美丽的花，也有不美的花。这基本是废话，让所有人都认同的文字称不上表达。"

这段话的核心意义在于，好的表达会包含明确的"观点"，它正是表达的核心。

某广告公司招聘文案撰写人员，共有三人前来应聘：第一位是高考作文满分得主，第二位是畅销网文小说的作者，第三位是某国企文员秘书。

如果你是招聘方，你会选择谁来做文案？

答案是：都不合适！

为什么呢？"广告文案，就是坐在键盘后面的销售人员"，这句话出自零售广告公司总裁茱蒂丝·查尔斯之口，这是对广告文案的最佳定义。

　　选择作文高手或网文作者或文员秘书的各位，请问他们写出的文案能将客户的产品卖出去吗？广告不是要讨好、娱乐观众，或者赢得大奖，而是要把产品卖出去。一个有智慧的广告人，不会关心大家是否喜欢他的广告创意，或者评价他的广告是否有趣，毕竟广告终归是达到目标的工具，这个目标就是为广告主增加销售量与获利。

　　大卫·奥格威是现代广告业的传奇人物，他不仅创立了奥美广告公司，更是一名优秀的文案写作者。大卫·奥格威的作品机智、迷人，最重要的是，他坚持广告必须有助于销售。

　　调查显示，大卫·奥格威通过广告卖出的产品数量是另外两位同时期美国广告业大师威廉·伯恩巴克和里奥·伯纳德卖出数量总和的6倍。例如，大卫·奥格威为劳斯莱斯汽车撰写的文案："在时速60英里时，这辆新款劳斯莱斯汽车上的最大噪声来自它的电子钟。"又如，大卫·奥格威为多芬香皂撰写的文案："多芬香皂不但能深层清洁皮肤，而且对皮肤还有保护和润泽作用，洗澡特别舒服。"

　　那么，新媒体文案的定义又是什么呢？即使用新媒体工具的推广人员。新媒体工具有哪些？如微信公众号、微博、今日头条、知乎等媒介。

　　推广人员的任务，其一是推广产品。例如，杜蕾斯官方微博通过追热点、有奖活动等方式达到推广避孕产品的目的。其二是推广品牌。例如，李靖通过公众号"李叫兽"撰写百余篇高质量的营销分析文章，在朋友圈被疯狂转载后成功树立个人品牌，半年内超过上千家企业找李靖做咨询服务。

2017 年 10 月 8 日，艺人鹿晗和关晓彤公布恋情，网上当时就"炸"了。消息发布短短几分钟，微博服务器居然瘫痪。

当天，鹿晗的微博账号发布一句话："大家好，给大家介绍一下，这是我的女朋友 @ 关晓彤。"这条微博的转发量是 129 万，评论 291 万，点赞 592 万。

这算是一个网络"红事"，但根据这个事引发的段子手、网络推手、公众号、营销号发表的文章就成为网络爆款文章。仅"视觉志"公众号，与之关联的文章阅读量就有 300 万人之多。

◎ 怎样才算爆款文章

15 秒的广告片都没有多少人看，为什么有的万字长文阅读量却可以是 10 万 +？一些微信公众号的数据告诉我们，过去一整年中，阅读量最高的文章一半以上超过一万字，不少还超过 1.5 万字。

这可能跟很多人对传播的固有认知不符合，甚至是矛盾的。

都说现在没人买书、没人喜欢阅读了，甚至没人愿意拿出有规划的时间学习知识，那为什么会有人阅读超过一万字的文章？要知道，即使是粗略阅读，一万字也需要至少 10 分钟。

所以，什么是爆款文章？它包含哪些内容？这些值得我们深入思考。

怎样才算爆款文章

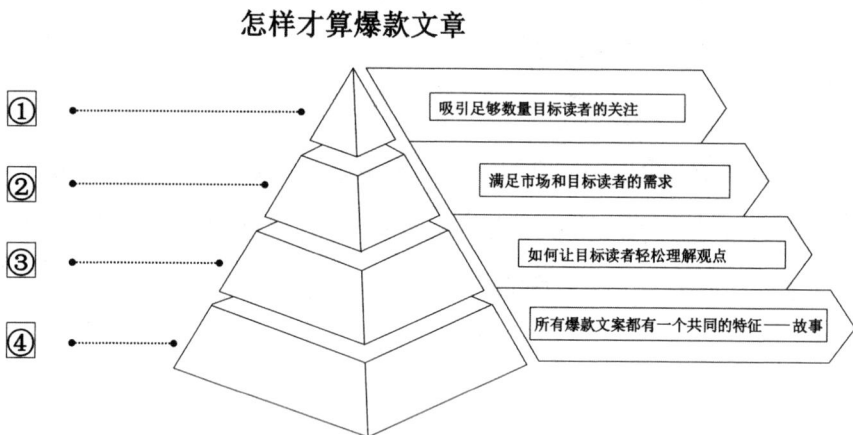

① 吸引足够数量目标读者的关注

② 满足市场和目标读者的需求

③ 如何让目标读者轻松理解观点

④ 所有爆款文案都有一个共同的特征——故事

爆款文章，简而言之就是，有足够数量目标消费者的关注，能够提供满足目标消费者需求的内容，让目标消费者轻松理解观点的内容型产品。

一、如何吸引足够数量目标消费者的关注

爆款文章作者主要依靠自身积累、文章标题、大 V 助力、平台推广 4 种方式吸引目标消费者关注。

1. 作者积累

大多数自媒体人写出第一篇 10 万＋阅读量的文章要用半年甚至更长的时间，但是马凌注册"咪蒙"公众号后，推送的第三篇文章《你为什么是外貌协会》的阅读量即达 10 万＋。

为什么马凌能以火箭速度打造出爆款文章？这与她此前的积累分不开。

马凌在《南方都市报》编辑部工作了 12 年，并得到深圳杂志部首席编辑的职位，出版过 5 本图书，在豆瓣网上有 10 多万粉丝，在新浪微博有 200 多万粉丝。"咪蒙"的新浪博客有 400 多篇博文，2012 年 6 月 12 日发布的《我的爸爸，要结婚了》获得 4456 个"喜欢"。

2. 文章标题

"王左中右"公众号主理人王国培强调："一篇文章，好的标题会对转发起到推波助澜的作用。文章本身写得好不好属于产品，标题则属于这个产品的营销。"

3. 大 V 助力

网络大 V 是什么意思？网络大 V 概括来说就是网红人物，现在，通常把粉丝量在 50 万以上的称为网络大 V。

借助大 V 的力量就如同品牌找明星代言做背书一样。同样一句话，普通人说可能无法激起什么反响，但大 V 一说立马炒热话题，直接成了大家都感兴趣或者都愿意来讨论的问题。所以，文案能找到大 V 帮忙，很快就会有许多人一起参与进来。

2013 年，顾孟劼开始在微博上写文章，他从雷诺阿、莫奈写起，写到第三篇和第四篇时竟吸引到一批影视明星转发。"顾爷"

微博开始成倍地涨粉，顾孟劼说自己恰恰就是这种"人来疯"的类型，开始有动力和热情来写文章。

4. 平台推广

李靖开通公众号初期经历过短暂的迷茫，一度怀疑自己，但最终坚持了下来，并依靠其他平台推广微信公众号。据悉，2014年7月，"李叫兽"公众号的粉丝数尚不足600人。2014年8月，李靖在知乎回答了7个问题，尤其是对"应该清楚男友哪些方面才能嫁给他？"这个问题的回答收获4万+个赞同和1600多条评论。

2014年，李靖在知乎的收获非常大，仅10个回答便获得19140个赞，其中一个还被知乎周刊收录。这个回答，就是李靖的第一篇爆款文章《为什么你会写自嗨型文案》。

二、写新媒体文章该满足谁的需求

新媒体写作不是为了满足作者的需求，更不是满足广告主或上司的需求，而是满足市场和目标消费者的需求。

例如，当"顾爷"公众号主理人顾孟劼尝试在文章中写解密丢勒的铜版画技巧、解构维米尔的透视法等内容时，发现并没有多少人阅读。如此，他不强求消费者接受，而是把难度降低，重新满足目标消费者的需求。

三、如何让目标消费者轻松理解观点

生动的表现形式，有趣的表达方式，能让目标消费者理解观点时更轻松。

1. 生动的表现形式

大多数作者写文章时以纯文字的形式呈现，反观胡辛束（畅销

书作者）、李靖等爆款文章作者却在此基础上加入插画或图表，给目标消费者带来更好的阅读视觉效果。

2.有趣的表达方式

普通作者写文章平铺直叙，中规中矩，反观王晓磊（历史作家）、顾孟劼等爆款文章作者却穿插故事和段子，给目标消费者带来更好的阅读体验。

四、所有爆款文案都有的共同特征——有故事

超级爆款文案都有一个共同的特征，那就是它的故事性。故事，充满情节和发人深省的细节。

每个人在日常生活中会有这样的经验，比如你跟女朋友、爸妈或者老板有了分歧，当你想要说服他们，传递信息或表达观点时，如果直接讲，往往效果都不会太好，因为人性是反说教的。如果你把想表达的想法融入故事里，相对来讲，对方接受起来会容易很多。

这就是说故事的好处，即好故事自带传播属性。所以，当我们表达观点或试图阐述道理时，通过故事来讲无疑是一个好办法。

◎ 如何让你的文章成为爆款

　　写作是一件长期的事情，但有一定的方法。掌握了方法与技巧，写作就不会那么难了。

　　即使是最简单的举杠铃动作，在没有教练教的情况下也会出错。写作是比健身更复杂的重复创造工作，所以，别抱怨自己没有写出爆款文章，也别泄气，只要我们"走心"，早晚能成功。

　　下面就为大家解析写出爆款文章的方法。

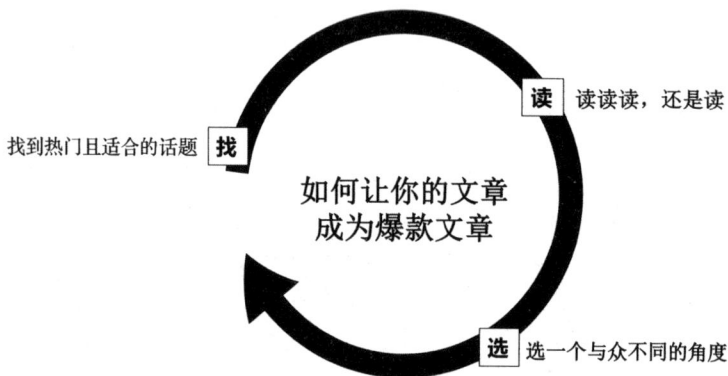

找到热门且适合的话题　**找**

**如何让你的文章
成为爆款文章**

读　读读读，还是读

选　选一个与众不同的角度

一、找到热门且适合的话题

许多媒体人每周甚至每天都要做选题申报工作。选题申报，其实是在给自己的书写工作找话题。

除了摘取历史，话题基本都是有时效性的。比如 ×× 名人结婚了，可以说一说；×× 名人离婚了，可以扒一扒……无论是洗澡时的灵感，还是坐公交车时的想法，都应该尽快记录下来。这样做，一是防止好的话题消失，因为这样的灵感很容易一下子就忘掉了；二是及时记录下来，两三天后再看这个灵感，也许很垃圾，但你也由此知道了什么样的内容无趣，不会受人欢迎。

值得注意的是，这个话题不仅要"热"，也需要适合我们自己的能力。一个擅长写科技板块的写手，让他旁征博引地写历史文章，可能知识面还不如高中生了解得多。

怕交叉感染，选英科医疗——英科医疗·专业卫生防护品牌

二、读读读，还是读

写作是输出，要想有输出，就要不断输入。有句话是这样说的：要想有 1000 字的输出，你至少要有 10 万字的输入。

比如，你想写一篇娱乐稿，不妨阅读其他娱记写的稿，看看人家的角度，学学人家的行文方式，再思考自己哪里能做得更好，哪里还可以再深入……再如，做好自己的读书定位。读书分为两种类型：一种是偏研究型的，另一种是偏消遣型的。你想未来的几年、十年或二十年，别人是怎么评价你这个人的；你想长期发展的是哪个领域，想给自己一个什么样的标签？

先定好位，当你持续研究一个领域时才会积累势能，成为这个领域的专业人士。

好成绩，有人帮——作业帮直播课

三、选一个与众不同的角度

抖音很有意思。同样是做电影剪辑，有的公众号就能吸引很多人的关注，有的却乏人问津。究其原因，就是解读的角度、深度、方式不同。

有些写作角度让人拍案叫绝，阅读量十分可观。

2015 年，一部特别火的电影叫《夏洛特烦恼》，男主角夏洛前去参加自己暗恋的校花秋雅在豪华酒店举行的隆重婚礼，在为她献上祝福时，面对周围事业有成的同学，发现只有自己一事无成，心中泛酸，遂借着几分酒意大闹婚礼现场，甚至惊动酒店方拨打110报警。

夏洛发泄后却在马桶上睡着了，梦里重回高中，报复了羞辱过他的老师，追求到了心爱的女孩，让失望的母亲重展笑颜，甚至成为知名作曲家、音乐人，一连串事件在不可思议中迅速发生。

这部影片结合"逆袭人生"和"爱与梦想"，在精神上满足了大多数生活还不太顺意的年轻人，火爆一时。

想象一下，如果你根据这个热点写一篇文章，会怎么写，从什么角度切入？

当时很多文章在围绕"假如人生可以重来"这一话题，也有人写"怜取眼前人"，但都收效平平。这就是因为角度不够特别，无法吸引大家的眼球。

后来，一个公众号的文章脱颖而出，因为它的角度是"为什么男人总是忘不了自己的初恋"。这篇文章，不仅男人想看（找寻共同点），女人也想看（更深入了解异性），马上引起共鸣和讨论。

写作其实很简单，但写出爆款文章不容易。以上只是基础中的基础，希望能让文案写手有所借鉴。

◎ 写作的本质就是完善观点

许多菜鸟写手，其实和小学生刚学写作文一样，"完全不会写文章"。

我们知道，秋天的天气变凉，但过半数的小学生会以"秋天到了，天高气爽"或"天气凉了，是秋天的脚步近了……"这样的语句为开头。试想，千篇一律的行文能脱颖而出吗？答案当然是否定的。所以，面对写作，我们需要学的是对选题、立意等的训练。

回顾自己的写作经历：学生时代写作文，得高分算是写作的本质吗？工作后写软文，巧妙植入算是写作的本质吗？网络编辑拟定标题，提高点击率算是写作的本质吗？写段子，神转折算是写作的本质吗？或许都不是，得高分、提高点击率算是写作目标，植入技巧、神转折算是写作技巧，它们都不是写作的本质。

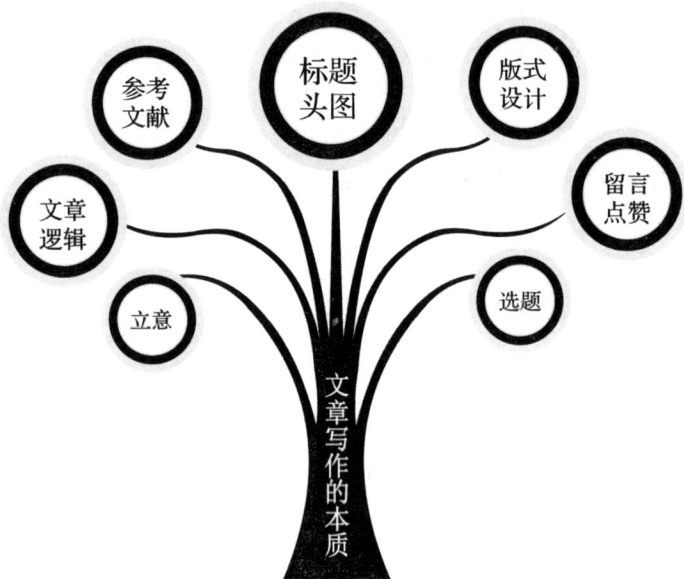

那么，文章写作的本质到底是什么？

其实，写作跟演讲、拍电影一样，本质是为了表达观点。平庸文章与爆款文章，其差距就在于观点的力度和表达观点的技巧。观点有多重要？"咪蒙"公众号主理人马凌说过："新媒体迟早会变成旧媒体，但观点和共识是永恒的刚需。观点越来越重要，不仅仅是观点，还是引爆点。"

如果你的老板或技术部门的同事，实在想突出不一样的产品功能，一把鼻涕一把泪地请求你多体现一个亮点，请你务必保持原则：观点就是一个。

困了累了，喝红牛——红牛饮料

怕上火，喝王老吉——王老吉凉茶

但凡成功的文案都无须赘述，只体现一个观点足矣。

如果产品的亮点功能有多个，或者刚研发了全新的亮点，具体到文案写作时该如何选取呢？答案是选取主流用户最在乎的那个点。比如，百事可乐永远在突出"年轻"，奔驰汽车永远在强调"品质"。我们要将文案创意往用户在乎的事情上靠，没人能取悦所有人。一旦产品（商品）尝试讨好所有人，它就将变得什么都不是。

文案写作中，消费者是作者传播观点的对象，选题、立意、版式、标题、图片等元素都是为表达观点服务的：选题，是为了挖掘可发表观点的课题；立意，是提炼观点的思想内涵；文章逻辑，是推进观点的产生；版式设计，是让消费者清晰地理解观点；用户访谈、调查问卷和参考文献，是让观点更有信服力；留言、点赞和投票，是让消费者讨论观点；标题、头图，是赢得展示观点的机会。

Part 5 好文字，见深度

　　经常在文章中看到如此"歪理邪说"——文案的文字不重要，策划创意才重要。这种"捧一踩一"的思想，绝对不可取。

　　文字和策划创意同样重要，也应受到重视。它们仿佛一个人的灵魂和身体，缺一不可——空有一个有趣的灵魂，但举止粗俗鄙陋，就不会有人喜欢。策略再牛，如若文字表达不够到位，也依然完成不了沟通任务，打动不了消费者。

◎ 有趣用词和精辟短句，好文案的必备要素

每个人都有自己的知识体系，这些知识源于生活中的方方面面，并随着年岁增加、阅历增长而不断完善。

有些人的知识体系就是一堆乱麻，完全没有经过梳理和整合，只是一味地被动吸收。出色的文案创作者定是知识体系构建的高手，他的脑海里有一个知识网络，围绕中心展开多个分组，然后形成枝叶，周围是和主干相关联的内容。

当然，出色的文案创作者还要敢于打破固有结构，因为知识不是一成不变的，学习到新的东西，一定要更新自己的知识网络，纠正自己知识体系的片面性。

你是否也听过这些精辟又有趣的小句子：

女为悦己者容，男为悦己者穷。

把一切平凡的事做好就是不平凡，把一切简单的事做对就是不简单。

幸福是一个比较级，有东西垫底才能感觉到。

老板用你的时候你就是人才，老板不用你的时候就会变成裁人。

有人以为，现代文明取消了牛马，代替以汽车。殊不知，现代人要先做一阵子牛马，才能坐得上汽车。

闯红灯的后果一般有两种，要么比别人快一分钟，要么比别人快一辈子。

世界那么大，没钱能去哪儿？去买个地球仪吧，不仅能看看，还能转转。

这些小句子让我们读起来不禁莞尔，且细细一想，还真是这么回事。这就是文案的魅力，几个字，几个词，就让读者读后觉得心领神会。就算过去多年，我相信这些经典词语还会以各种形式在我们的生活中不经意地出现。这不单单是一句话语，甚至已经成为生活中的流行词。

对于吃，中国人有太多的话要说，古代是"民以食为天"，现代各种关于吃的文案层出不穷。"天若有情天亦老，葡式蛋挞配汉堡""小楼昨夜又东风，铁板烤肉加洋葱""君问归期未有期，红烧茄子黄焖鸡""落红不是无情物，布丁芒果西米露"……这些文案虽算不上经典，但改编自大众耳熟能详的古诗词，也能朗朗上口，妙趣横生。

下面再来看两个关于"吃"的文案，以便更加直接地学习如何把一般性知识与特殊性知识完美融合，形成一个好文案。

有一千双手，就有一千种味道。中国烹饪无比神秘，难以复制。

从深山到闹市，厨艺的传授仍然遵循口耳相传、心领神会的传统方式。祖先的智慧、家族的秘密、师徒的心诀、食客的领悟，美味的每一个瞬间无不用心创造。

这是摘自纪录片《舌尖上的中国Ⅱ》第二集《心传》中的部分文案。中国烹饪、深山、闹市、祖先、家族、师徒、食客、美味，描述的都是一般的生活场景，但将这些措辞组合到一起，就营造出一种唯美的意境，不紧不慢地诉说，给通篇文案定下"悠闲品味祖传美食"的基调。

美味的前世是如画的美景。清明，正是油菜花开的时节。富塌村唯一的油坊主程亚忠和其他中国人一样，在这一天祭拜祖先。油坊的劳作决定全村人的口福，中国人相信，万事顺遂是因为祖先的庇佑。

田边的邂逅，对同村的程苟仍来说，意味着用不了多久就能吃到新榨的菜籽油。清晨，春雨的湿气渐渐蒸发，接下来会是连续的晴天，这是收割菜籽的最好时机。5天充足的阳光，使菜壳干燥变脆，脱粒变得轻而易举。菜籽的植物生涯已经结束，接下来它要开始一段奇幻的旅行。

这样的描述，着实出彩！

"美味的前世""脱粒变得轻而易举""植物生涯已经结束"，这些让人拍案叫绝的组合赋予了菜籽以生命力；"万事顺遂是因为祖先的庇佑"，增添了中国传统文化的元素；"春雨的湿气渐渐蒸发，接下来会是连续的晴天"，又融入气象常识，使得情境活灵活现。没有大量基础知识的储备和特殊的思维角度，无论如何也写不出这样唯美的文案。

这样出彩的文案不仅在于知识体系的构建，更得益于逻辑和独特的思维角度，难怪网友评价："这文案的创作者绝对是个鬼才""这节目的收视率一半靠文案"。

还有两个有趣的例子。

当别人看到大雪时写的是：鹅毛大雪、雪花飞舞、千里冰封、白雪皑皑、万里雪飘、大雪纷飞、雪飘如絮、堆银砌玉……

你只会说：啊！雪好大。

别人形容心情不好时，说的是：闷闷不乐、垂头丧气、郁郁寡欢、心烦意乱、灰心丧气、忧心忡忡、心灰意冷、心如刀割……

你只会说：哎！我好郁闷。

看来，丰富的词语储备，对文字的精准把握真的起到了关键作用。

◎ 如何让你的文字"好"起来

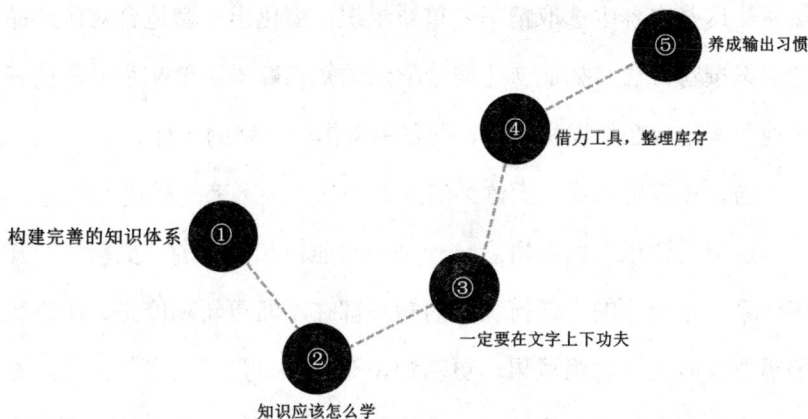

上学时，总有几个作文得高分的同学，那行文、用词简直羡煞旁人。但他们不是天生就会写作文，因为写作也是有技巧的。如果你也想写出让人赞不绝口的文案，要先做好以下事情。

如何让你的文字"好"起来

构建完善的知识体系　①

②
知识应该怎么学

③
一定要在文字上下功夫

④　借力工具，整理库存

⑤　养成输出习惯

一、构建完善的知识体系

想要构建完善的知识体系，首先要明白什么是知识体系。具体来说，知识体系是与碎片知识相对应的概念，是指高度有序的知识集合，由大量的知识点、有序的结构组成。

明白了概念，接下来就是实现知识的体系化。我建议大家从三个层次切入：通识、应用和资讯。基本上，所有知识点都可以粗略地分到这三大类别中。

所谓通识，就是历史学、心理学、社会学、经济学、广告学、哲学等领域知识体系的根基。这些看似枯燥乏味的知识，在你的文案创作过程中可能发挥着重要作用。

如果说通识是构成知识体系的原料，应用就是让原料发光发热、建立有序结构的方式。它是基于目标、采取问题导向的思考方式，激发和活化所学知识的过程。

学习文案写作，需要掌握大量的基础知识、工具和方法。掌握这些内容后，我们不能一味照搬，而是要看你需要解决什么问题，然后从这些内容中选取精华并重新组织，演化出一套适合对应产品的文案撰写方法。如此，才能给学到的知识赋予价值和意义，就好像地图不是放在那里积灰的，而是用来指引道路的一样。

通识和应用构成知识体系的绝大部分，接下来的就是资讯。

这里的资讯有两个概念：一是相对通识和应用的"更新"。知识体系不是静止的，任何领域的知识都在不断更新和修正，所以我们需要及时关注前沿成果，更新知识储备。二是"热点"。追踪热点似乎是所有文案人必备的一项技能，追得巧妙，可以让我们的文案插上"翅膀"，飞向广大的消费群体。

构建知识体系是一个长期、繁杂、系统的工程，人的年龄阶段、经验阅历、身处社会环境不同，会造成知识体系的更新速度不同。

越是独特、充盈的知识体系，越有可能让你在竞争中脱颖而出。

二、广泛涉猎知识

新媒体时代，我们的阅读习惯慢慢转变成碎片式阅读。

曾有一家报社举办国学知识竞赛，找专家出了一套国学题目，其中一道题目为：胡萝卜是什么时候传入中国的？

如果你能把这个问题变成系统的知识，那它是有用的。但假如这位专家没有这样的意愿和目标，他只知道胡萝卜是什么时候传入中国的，这样的知识不仅对他没用，还可能产生负面影响。因为他知道大多数人不知道答案，心里一阵窃喜，并特别想让人来问他。于是，这个萝卜就把他的一辈子拴死了。

零碎的知识，最大的危害在于，你会仅仅把自己获得的知识当作用来记忆的知识点，而不是实践的指导原则，或者压根没有想到要应用。所以，对我们来说，还是应该系统性地学习一些写作技巧，积累一些写作经验，在不偏离主干线的基础上，通过各大浏览器、咨询公司的官方网站以及微博、公众号、书籍、杂志等按图索骥充实大脑，用经得起推敲的理论与方法获得灵感和启发。

如果是更加具体的文案撰写，则须紧随业界大咖的脚步，通过线上线下平台学习来指导实践。

三、在文字上下功夫

文字写得好，需要具备最基本的三个能力。

首先，遣词造句的能力。包括字词要准确，句子要通顺，说话要明白，标点要适当。

其次，语言表达能力。逻辑要清楚，层次要分明，语言要简洁明快，文字如行云流水，文章读起来要让人知其所云。

最后，知识积累能力。写清楚首先得把事搞清楚，要时时学习。

据统计，目前知识的半衰期是 5 年，即 5 年内有一半知识将过时——也就是说，大学生毕业时，其所学知识有 30% ～ 50% 已经过时。只有平时多学习，做文案时才能一点通；只有平时多积累，写东西时才能文思如泉涌。

《航拍中国》是中央电视台制作的航拍系列纪录片，它以空中视角俯瞰中国，拍摄了全国各地的优美风景。它的宣传片文案，同样非常精彩。

总有一些风景，

是我们的想象到达不了的地方。

一片叶脉，可以绵延数十公里。

水和云，架起梦中走过的路径。

我们和高空气流周旋着，

创造出一个垂直世界。

陆地边缘，奔腾着生命的律动；

密林深处，回荡着古老部落的传说；

高山之巅，隐藏着上古神兽的踪迹。

俯瞰云下的世界，

图形、线条的背后，是上天造物的秘密。

数亿年前，

这里的鱼群和沙子一样多。

如果潜到水面之下，

会发现，我们正在飞越的是一座座山顶，

蓬勃的生命，在此周而复始地循环。

直到山林，改写了它的基因密码；

直到海水，更新了它的流浪轨迹。

我们对这里的生活极尽耐心，

在纤维之上提取智慧的载体，

在沙漠深处创造生命的能量。

有时候，日子过得像浮萍；

有时候，生活又必须逆风而行。

上千年的历史跨度，

就是从此岸抵达了彼岸。

六百年的暮鼓晨钟，

保持着先人们的时间惯性。

几十年前，这里的渔民还在憧憬外面的世界。

现在，它已汇集了半个世纪的期待。

全新视角，俯瞰今天的中国，

系列纪录片《航拍中国》，

带您一起，天际遨游。

　　这是一篇十分优美的宣传文案。作者精心选取诸多极具画面感的意象，如叶脉、水、云、高空气流、陆地边缘、密林深处、高山之巅、暮鼓晨钟等。文案配合宣传片视频播放出来，声音、图像与文字完美结合，将神州大地的壮美景色描绘成一幅幅精美画卷呈现在观众眼前，令人激动不已。

这些优美的语句绝非一蹴而就，而是在日积月累的阅读和思索中诞生的。

四、借力工具，整理库存

当然，知识体系的构建不是光靠脑子的。俗话说得好，"好记性不如烂笔头"，把知识体系"形体化"，不仅可以加深记忆，还可以时不时拿出来"温故而知新"。

我们已经罗列了主题和路径，接下来可以按照逻辑和层次分出尽量详细的项目类别。其间既可以用手写笔记的形式加以整理，也可以利用云笔记等软件，它们都是不错的选择。你可以根据自己的知识体系框架，设计一些"笔记本"，用独属自己的知识项目命名，把知识归纳于相应的目录中。值得一提是，近些年大热的"手账"笔记是很不错的选择，如果你喜欢手绘，建立知识思维导图将会事半功倍。

当然，整合的过程绝不是一蹴而就的。你一定会发现最初的框架和提纲是不完善的，分类是有问题的，没关系，只要及时调整即可。

如果你发现自己的知识体系出现了漏洞，也无须太担心，这是好事，说明你正走在成长的路上。

五、养成输出的习惯

一定要相信这个观点：输出是最好的内化方式。

古人说得好：纸上得来终觉浅，绝知此事要躬行。要提高文案水平，必须深入实践，调查研究，详尽地掌握一手资料。

"常看胸中有本，常写笔下生花。"经常有人问，如何能更好地记住知识。答案很简单，把它用自己的话表达出来，说给别人听。

契诃夫说："头一个条件是必须写得多，总会有所成就的。"写好文案的"诀窍"就是结合实际，多学、多记、多思、多看、多写、多练，做到"一不怕难，二不怕苦，三不怕改"。

我们每天都在刷朋友圈、刷抖音、看新闻、看视频、看公众号……这些都是输入，但它们真正被纳入我们的知识体系，为己所用的却少之又少。只有学以致用，才能让知识真正变成自己的，所以，好的写手都有高效的输出习惯。哪怕是写日记、做简单的摘记或日常阅读记录，也要让自己保持写作的习惯。

◎ 如何让你的文案看起来更舒服

文案创作者是专业的文字工作者，需要一定的文字水平。掌控写作窍门，能够高效率、高质量地完成文案任务。下面介绍六种常见的文字运用方法。

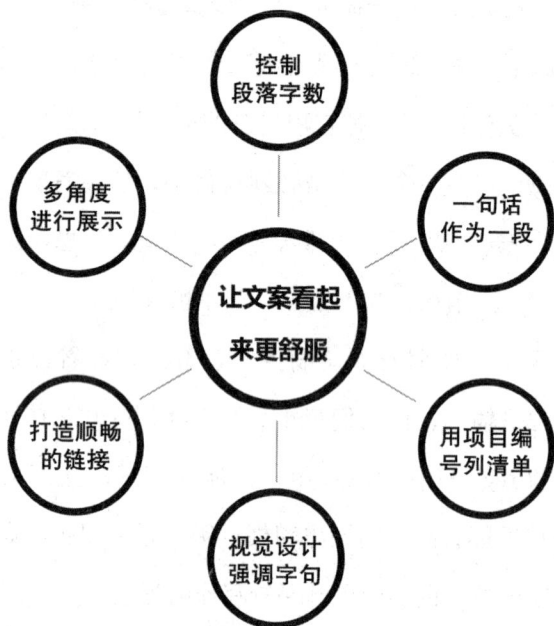

一、控制段落字数

控制段落字数，主要是将内容排版稳定在一个可以接受的字数范围内，这是首要的事。除此之外，控制段落字数能创造一定的韵律感。同时，还能突出文字内容，常用于长篇文案中，主要起强调的作用，让整篇文案长短有致。这非常考验文案创作者的能力。

二、多角度进行展示

文案内容的全面性，主要是指多角度地对广告信息进行展示，满足受众对广告信息深度了解的需求。需要注意的是，除了全面性外，还可以通过重复播放加深记忆，它在目标上与全面性是一致的。

为了达到宣传效果，有些企业选择通过多种形式的文案来展现产品。系列文案作品中，各文案表现的信息之间主要呈现三种关系：信息并列关系、信息同一关系、信息递进关系。

广告文案中，通过一系列广告达成全面展示产品的有很多。例如，益达口香糖系列广告以微电影的形式播放，多次重复地突出益达口香糖，吸引大众注意力的同时提升了品牌效果。

三、打造顺畅的连接

对非单句形式的文案来说，将文案内容进行合适的段落分割固然重要，但打造句子间的顺畅连接也同样重要。

四、一句话作为一段

用一句话作为单独段落突出展现内容，是文案写作的常用技巧。

一句话的段落模式能够突出内容，也能够使呆板的文案形式变得生动。如果单个段落突然出现一句话，消费者的注意力就会被集中过来。一句话广告文案，文字精练，效果突出，甚至不需要大段文字铺垫就能够激发消费者的兴趣。

请来左岸咖啡"躲雨"

随手招了一辆计程车，

满头白发的司机问了三次："要去哪？"

我才回过神："到……"

没有预期要去哪的我，一时也说不出目的地。

司机从后视镜中看着我，问："躲雨？"

我笑着没回答。

雨越下越大，司机将车停在咖啡馆前要我下车，

笑着说："去喝杯咖啡吧！"

他挥手示意我不必掏钱了！

来不及说谢谢，计程车已回到流淌的车流中。

走进冷清的咖啡馆，四名侍者围坐一桌在闲聊着，

看到我后立刻起身，异口同声地问："躲雨？"

我笑着不知该如何回答。

午后一场意外的雨，

让我见识了五个会"读心术"的人，

并喝了一下午的咖啡。

左岸咖啡的广告文案，刺激消费者产生了一种身临其境的感觉。正是这种刺激，让左岸咖啡在广告推出的第一年就创造了不俗的业绩。

五、视觉设计强调字句

突出关键内容，不仅可以从写作技巧入手，还可以在关键内容的视觉设计上下功夫，强调与突出字句。强调与突出字句在广告文案中出现得较多，如文字加粗、变形、加色等。

六、用项目编号列清单

对于文案，大量铺陈内容往往让消费者望而生畏。但即使是逻辑清晰、排列整齐的文案，仅仅靠标题也很难将文案信息完美地传达出去，这时可以运用视觉设计中的一些方法来解决问题——在文案中添加项目编号就是一个很好的办法。

在段落的中心字句前添加项目编号，能起到类似目录的作用，让消费者快速了解文案内容。

Part 6 学会讲故事，赋予文案灵魂

亚里士多德说："我们无法通过智力去影响别人，而情感却能做到这一点。"

我们需要故事，因为只有故事才能达到共情，建立人与人之间的连接，让他人站在你这边。任何想要说服别人、激发对方情感的场合，都需要讲故事。

故事是一种聪明的包装，一种有诚意的造作。当营销信息披上故事的外衣，就获得了深入客户内心的钥匙。所以，会讲故事的人都能控场。

◎ 为什么大家都爱听故事

　　所谓故事性文案，是指借助文学创作的手法，通过新鲜奇特和独具特性的情节设计，将商品和服务信息展现给受众。

　　商家进行文案营销时，经常会选择故事性文案，优秀的故事性文案甚至可以让受众自发地传播。

为什么大家都爱听故事

更加情景化
就是通过对场景细节的还原，从视觉、听觉、味觉、触觉、嗅觉、知觉上做细致的描述

更具亲和力
可以将受众生活中可能遇到的情况与产品结合，再巧妙融入到一个或多个小故事中，有效增强了产品的亲和力

激发购买欲望
利用某一个案例引起受众的共鸣，以此来达到共性认知的传播效果，从而能充分激发起受众的购买欲望

深层次传播
文案营销也常常借助网络，使一些有趣的广告语成为网络流行用语流传于各大社交平台

一、更加情境化

　　为什么有人讲故事，你会觉得身临其境；有人讲故事则干巴巴

的，让你毫无感觉。

好故事的秘诀就是情境化，通过对场景细节的还原，从视觉、听觉、味觉、触觉、嗅觉、知觉上做细致的描述。

优乐美奶茶

优乐美奶茶香甜中略带苦涩，给人一种温馨的感觉——手中捧着奶茶，闻着奶茶的香味儿，感受着奶茶带给我们的暖暖感觉，不由得让我们联想到爱情中甜蜜的味道。

广告制作人就是利用这一点，选择情感作为优乐美奶茶的核心推广理念，在内涵上满足受众的心理需求，让温馨的品牌形象深入人心，得到广大受众的认同。

优乐美奶茶的主要消费群体是 15 ~ 25 岁的年轻人。为了在短期内提升知名度，占领消费市场，树立优乐美的品牌形象，商家邀请当红天王周杰伦作为形象代言人。周杰伦阳光帅气的外表，出众的音乐才华，迅速将优乐美优雅、温馨的文化内涵表达得淋漓尽致。

一个长达一分钟的广告，将几个片段串联起来，书写一段美丽的爱情故事。

在一个大雪纷飞的冬天，男生拉着女生的手匆匆跑进一家咖啡馆，选择一个靠近窗户的位子坐下来，手里捧着香喷喷的奶茶。女生望着窗外，饱含柔情地问男生："我是你的什么？"男生面带微笑，温柔地说："你是我的优乐美呀！""原来我是奶茶啊？"女生质疑地问，神情里饱含委屈。男生淡淡一笑，说："这样我就可以把你捧在手心了。"随后，两个人深情对望，相视而笑，甜蜜而温馨。

优乐美广告不管是从立意还是情境表达，对年轻人的心灵带来深深的触动，荡起阵阵涟漪，产生对爱情的向往，这样就达到了广告商最初设计广告的初衷。

一句"这样我就可以把你捧在手心了"，诠释了爱情的甜蜜、温馨和美好，用一个温情的小故事获得无数年轻人的推崇，使优乐美奶茶的销售量大幅提升。

二、更具亲和力

感性诉求要比理性诉求更吸引人。故事性文案的第二个优势在于，它可以将受众生活中可能遇到的情况与产品结合，再巧妙融入一个或多个小故事，使文案充满日常趣味。还有一些文案甚至附带具有悬念的故事情节，阅读文案如同看小说，有效增强了产品的亲和力。

南方黑芝麻糊

一个白发苍苍的老华侨，就是那个当年舔着碗、意犹未尽的小男孩。他带着孙子再次回到家乡，可梦中的故园踪影难觅，小作坊早已消失在历史的长河里，取而代之的是一幢富丽豪华的"南方黑芝麻糊大厦"。

走进大楼，服务员含着笑容，端来两碗香喷喷的"南方黑芝麻糊"，小孙子也和老人小时候一样，意犹未尽地喝着芝麻糊，随后将碗舔得干干净净。此情此景，勾起老人对童年生活的美好回忆，

"黑芝麻糊哎——"的亲切吆喝声仿佛在耳畔回响，大嫂朴实的身影在脑海中萦绕不去……在回忆和怜惜中，老人将孙子的嘴角擦干净。画外音："南方黑芝麻糊，抹不去的记忆。"

这则广告，将人们对南方黑芝麻糊这种浓厚的情感表达得丝丝入扣，动人心弦。一句"南方黑芝麻糊，抹不去的记忆"，其意蕴悠长，耐人寻味，让喝过的人沉浸在自己无限美好的回忆中。

这则广告把"南方黑芝麻糊"推到一个新的时代，不仅在中国广告界产生了很大的影响，而且将市场占有率再次推上一个新台阶，其宝贵的经验值得广告人认真借鉴。

南方黑芝麻糊的广告，是一个优秀的情感诉求广告，更是一个好的故事性广告。一开始，广告制作者就懂得用情感抓住受众的眼球，在广告中注入强烈的情感因素，以情动人，以景怡人，感情细腻，表达真挚，可以说是将一切都发挥得恰到好处。而后感情延续在保持黑芝麻糊广告传统的"怀旧"风格基础上，努力表现出强烈的时代气息。

这两则广告可以说把真实性、记忆性与劝服性效果发挥到最大限度，甜而不腻，充满亲和力，让人们对南方黑芝麻糊的情感理念有了更深层次的认识。

三、激发购买欲望

故事性文案通过深度揣摩和把握受众的消费心理，再现生活情境，利用某一案例引起受众的共鸣，以此达到共性认知的传播效果，从而充分激发受众的购买欲望。

　　对于已有购买欲望却又犹豫不决的受众，故事性文案通过具有煽动性的故事，往往能促使受众立刻购买。

哈根达斯

　　哈根达斯能够得到高档消费者的认可和欢迎，其营销手段已被业内奉为经典。

　　哈根达斯的广告素以制作精美而闻名，这种超乎寻常的精美，正好符合哈根达斯"矜贵享受"的品牌个性。他们聘请著名摄影师为广告拍摄精美图片，在广告设计上，他们一直沿用一种思路：无论是画面还是语言处理上，都要体现出"暗含双机"的效果，既是在说爱情，也是在说哈根达斯，试图告诉人们：你在品尝哈根达斯的同时，就是在享受爱的滋味。

　　哈根达斯这样的广告设计理念，准确无误地向人们表明他们的目标对象就是年轻人。另外，如何才能强调哈根达斯口感的纯正爽滑呢？经过市场调查发现，许多消费者享受哈根达斯的时候，会感觉到一种"慵懒的柔情"，给人一种梦幻的感觉。之所以产生这种感觉，一方面是由于哈根达斯浓郁香醇的口感，另一方面是因为"哈根达斯"这个具有浪漫气息的名字。

　　哈根达斯有一系列爱情主题的广告收效火爆：一对亲昵的情侣，正在分享哈根达斯冰激凌的美味。黑白照片里，优美迷人的身影为人们呈现出充满性感的氛围。文案编排上也突出"浓郁的"和"新鲜的"字样，这指的既是哈根达斯的美味口感，又暗含爱情的温馨浪漫。

这则广告吸引了大批消费者，尤其是20岁左右的单身男女。这些还没有享受到爱情滋味的年轻人，看过广告之后，就迫不及待地想体验哈根达斯带来的爱的感觉。

由于这则广告的成功，哈根达斯当年在英国的销量提升了400%。

哈根达斯所有的广告都会给你一种宁静、典雅的高贵感，仿佛制作出的是一件名贵的艺术品。只有这样的气质，才配得上哈根达斯"冰激凌中的劳斯莱斯"的身份。

好广告能将产品提升到新的境界，虽然它本身不具备这些东西，但通过人为的艺术加工，完全可以肩负起创意赋予它的使命。所以，你创作的文案如果能够达到这种高度，就能激发受众的购买欲望。

四、深层次传播

如今，网络非常发达，人们热衷于在社交媒体分享奇闻异事，文案营销也常常借助这种沟通工具。一些有趣的广告语，甚至成为网络流行用语，流传于各大社交平台，如"挖掘技术哪家强，中国山东找蓝翔"等。

优秀的故事性文案可以让受众自发性分享，得到更深层次的传播。

三菱汽车

三菱汽车广告《回家篇》的整个故事，以倒叙的方式展开：

　　一个在外地工作的女孩，一边忙碌着工作，一边与父亲通电话，告诉父亲礼拜天她因为忙回不了家。同时，桌上堆满了各种材料等着她去做，以此表明其糟乱的心情。随着音乐轻轻响起，正在通话的女孩听到爸爸的声音后，回忆起自己还是天真女孩时的场景。

　　她回忆起那个无邪的孩童时代，每天放学，爸爸都是骑着那辆自行车带她回家，那些每天都要经过的冷饮店、福利社都历历在目。每天看着父亲高大的背影，似乎那就是她人生最信赖的避风港。

　　随着女孩一天天长大，她由懵懂少女到青春时光，由玩耍的快乐到爱情的甜蜜，她的生活在改变，身边的朋友和环境也在改变，不变的依然是爸爸风雨无阻的担忧和牵挂。这展现了父亲在儿女成长过程中扮演的神圣角色。

　　回想起自己每次回家，父亲都要骑着那辆自行车前来接送，女孩的伤感之情不免油然而生。

　　将久久的回忆收起后，女孩告诉爸爸这个礼拜自己要回家时，电话那头的父亲显出一种不露声色的期待，告诉女儿要去接她。女孩告诉爸爸，自己已经买了车，不用来接。不知道这样的话是会让爸爸感到欣慰，还是令爸爸叹息。

　　驾驶三菱汽车的女孩来到那个熟悉的福利社门口，老远就看到爸爸站在那里焦急地看着自己驶来的方向，旁边停靠着爸爸骑了一辈子的自行车，这是他生命中必不可少的人生道具。最后的镜头是，爸爸依然骑着车在前面走，女孩则开着车紧紧地跟在爸爸的身后，这似乎跟以前一样没有改变，爸爸依然带着自己的女儿回家。

　　望着不时回头观望的父亲，看着那曾经高大的背影如今已苍老，坐在车里的女孩不禁潸然泪下。紧接而来的广告语是："三菱，欢迎您随时回家。"

整个广告有着极强的心灵震撼力，有什么样的感情能够超越父母对子女的恩情呢？通过回忆过往，再看看苍老的现实，这种反差让任何有良知的人都无法不为之感动。

随着故事情节的展开，人们看见的是一份真正永不变质的爱，是"家"这一深层次的温情传播。

◎ 怎样写出有故事感的文案

通过前面一节，我们了解到故事的重要性。其实在生活中，你阅读过大量相关书籍，就能学会如何讲故事。要写出有故事感的文案，往往要做到共情，也就是真正地把消费者带入你的文案。

有故事感文案的特征

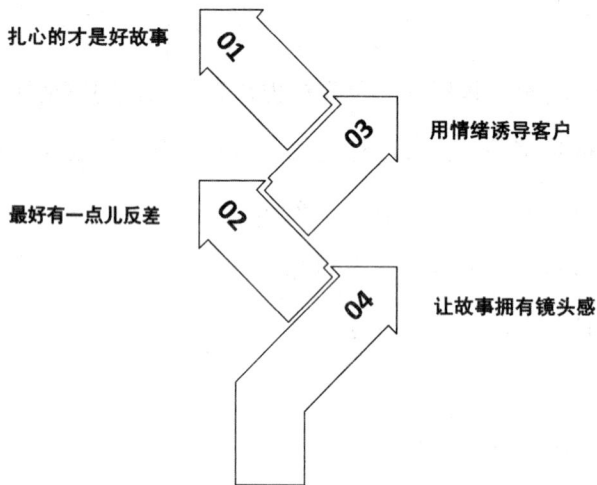

扎心的才是好故事　　01

03　　用情绪诱导客户

最好有一点儿反差　　02

04　　让故事拥有镜头感

一、扎心的才是好故事

一个完美的结局，往往只存在于童话中。一个不痛不痒的结尾，甚至没有让成年人读下去的动力。所以，扎心的才是好故事，有锐度的故事可以赋予文案穿透力，像针一样扎进受众的心中。

文案大师威廉·伯恩巴克在甲壳虫汽车的一则文案中写道：

我，麦克斯韦尔·斯内弗尔，趁清醒时发布以下遗嘱：

给我那花钱如流水的太太罗丝留下 100 美元和一本日历；

我的儿子罗德内和维克多把我的每一枚 5 分币都花在时髦车和女人身上，

我给他们留下 50 美元的 5 分币；

我的生意合伙人朵尔斯的座右铭是"花钱、花钱、花钱"，我什么也"不给、不给、不给"；

我的其他朋友和亲属从未理解 1 美元的价值，我留给他们 1 美元；

最后是我的侄子哈罗德，他常说"省 1 分钱等于挣 1 分钱"，还说："哇，麦克斯韦尔叔叔，买一辆甲壳虫肯定很划算。"

我决定把我的 1000 亿美元财产全部留给他！

这个幽默又有点儿"扎心"的故事，不仅传递出甲壳虫汽车的物美价廉，也勾勒出一个节俭明智的车主形象。

二、最好有一点儿反差

现在有个词叫反差萌，意思是差距有点儿多，也有点儿有趣。

其实，在讲故事的领域中，我们往往觉得有反差的结局才最耐人寻味。比如，大家看过的《名侦探柯南》，每集剧情里的凶手往往都是那个看起来最不可能的人，这也导致后来再看时，第一反应就是指认那个最不像凶手的人。

有骨气却患有骨质疏松、创办旅游杂志却弄丢旅行护照、倡导取消宠物安乐死但自家的宠物差点儿离家出走……这些话题以严肃、宏大的设定对比搞笑、生活化的场景，形成较强的反差，让故事人物更加立体、布满槽点，引发公众的讨论和传播。

平面化、脸谱化的形象，大家早就司空见惯，反差感则会给人惊喜。

为了看这个世界，你已经走过太多地方；现在装修这个家，让

脚步停一停

　　　　　　　　——某装饰公司提出的居住观点

　　装修时，多数人随波逐流，少数人引领潮流。我是××，家居少数派

　　　　　　　　——某装饰公司提出的装修风格

三、用情绪诱导客户

　　好文案讲故事，坏文案讲道理。故事之所以好，在于它更容易感染客户的情绪，让客户的情绪投射并产生代入感。

　　如果产品和品牌决定以情感诉求的方式说服客户，故事就是一种好选择。那么，什么样的故事最能引发客户的共鸣呢？

　　每一颗螺钉，沐浴三次防锈漆；乳胶漆，经历 40000 次擦洗，不露底漆；这是一个酷热的夏天，热得令人窒息。感恩这个夏天，验证了我们的型材 42℃不变形。

　　　　　　　　——某装饰公司所用型材／工艺

　　简单的一句话，既是描述，也是故事，让产品和人仿佛经受了无比艰难的考验。一个个故事甚至毫无情节，却贵在真实，距离我们更近，充满情绪的诱饵，能看到自己的影子，激起情绪的波动。

四、让故事拥有镜头感

　　如何才能写出有"镜头感"的文案？一个技巧是，那些容易激起客户感官反馈的细节，能让故事更加鲜活。

小 A，30 岁，健身 365 天，甩掉 25 公斤。

小 A，2018 年体重 80 公斤，绰号"胖妞"；2019 年体重 55 公斤，变成"女神"。

对比这两则文案，虽然第一则也有故事的"感觉"，但缺少了一些"痛点"，缺少了受众想要看到的画面感——从胖子变成美女的画面感。

我们仿佛看到文案人的翘首以盼：

别人在等客户，我在等朋友

　　　　　　——某装饰公司的经营理念

我们仿佛看到屋内的温馨与屋外的残酷：

不想被平庸击碎，屋内住得漂亮；不想被现实打败，屋外就是擂台

　　　　　　——某装饰公司的设计理念

这就是故事，永远出乎意料、声情并茂、打动人心，让人愿意为了故事埋单。

◎ 故事性广告的误区

在广告文案中讲故事固然好，但也有一些需要注意的地方——讲好故事不踩雷，文案才能达到效果。

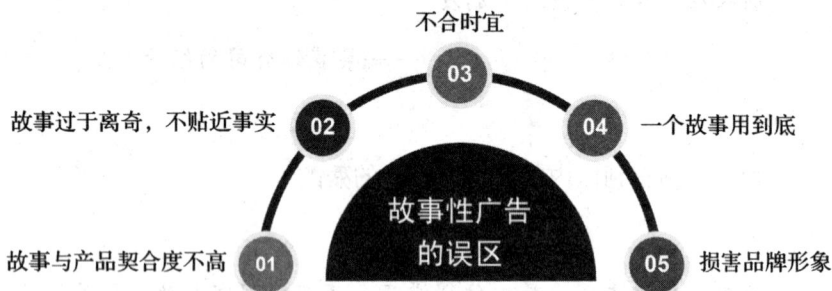

误区一：故事与产品契合度不高。

故事性广告与产品相关度低，与产品目标消费者相关性弱，对消费者的内心需求把握不准，没有最大限度地刺激到消费者的内心深处，消费者不痛不痒，效果自然不理想。

误区二：故事过于离奇，不贴近事实。

广告中采取夸张离奇的故事是为了吸引受众阅读，但不能走向极端，为吸引人而吸引人，只会让消费者看热闹，但心中不信。因此，故事性广告必须以消费者为中心。

在办公室里坐着，拍着脑袋想出各种创意、故事，离消费者的实际生活越来越远，结果只能背离消费者的心理预期。

误区三：不合时宜。

新产品上市，广告应以传播产品信息为主，短小精悍的故事性广告更适合作为整篇广告的引子，引导消费者注意。在产品成熟期，可以采用 3 ～ 4 个密集型的故事性广告组合，实现目标人群覆盖，提炼产品核心概念和卖点，集中传播。

有的产品本末倒置，势必影响传播效果。

误区四：一个故事用到底。

有的产品故事性广告非常单纯，一个故事用到底，始终不变。其实，再好的故事讲多了，消费者也会厌烦的。这种故事依赖症不可取。

误区五：损害品牌形象。

部分故事性广告创作不当，引起消费者消极否定的情感反应，甚至损害了品牌形象。如对涉及死亡、痛苦、尴尬的内容，写作不慎重，一味使用拙劣、离谱的夸张手法，抱以嘲弄的心态和笔法，很容易引起受众的怀疑和反感。

再如，过度恐吓也不适宜，容易引起受众的防御心理，导致对面临的问题做出回避反应。以心脑血管病为例，最好不要采用与"死亡"相关的字眼，太强的刺激会丧失感召力，而是应该抱着诚恳、同情、关怀的心态与消费者建立联系。

Part 7 做好市场研究，有的放矢

下笔写广告文案前，你必须考虑清楚这个问题："顾客为什么要购买我的产品，而不是竞争对手的？"

如果你没有仔细研究、测评过，文案写作过程中就会遇到很大困难，写不出差异化和真实感，无法打动顾客让其掏钱购买。

◎ 接到文案委托，我们该做哪些准备

　　广告公司，或者说绝大多数和创意有关的行业，总有一个共同讨人厌的问题：多得数不胜数、没必要又浪费时间的会议。聪明的文案写手，可以让电子邮件和电话成为与客户沟通的主要途径，这至少能省下 95% 的会议时间。你还可以偶尔跟客户碰个面，联络下感情，或是讨论一些面对面才好谈的概念和策略。

　　不过，既然电子邮件的快速沟通功能已经被广为接受，大部分的广告委托都不再需要冗长费时、东拉西扯的会议。所以，当我们接到一份文案委托时，做好以下几点就能满足客户的需求。

接到文案委托时，我们应该做哪些准备

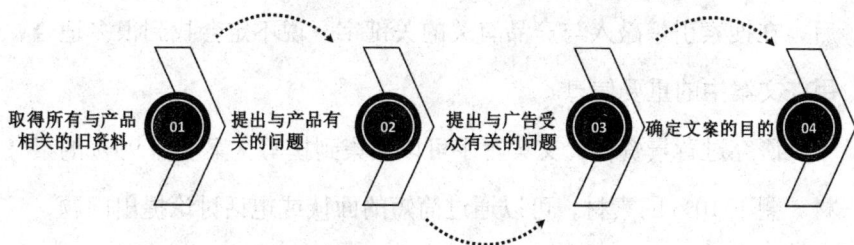

| 取得所有与产品相关的旧资料 | 01 | 提出与产品有关的问题 | 02 | 提出与广告受众有关的问题 | 03 | 确定文案的目的 | 04 |

一、取得所有与产品相关的旧资料

针对已经问世的产品，客户有一堆现成的背景资料可以寄给文案写手参考。这些资料包括：1. 旧广告样张；2. 宣传册；3. 年度报告；4. 产品目录广告页；5. 相关文章翻印；6. 技术文件；7. 产品说明的复印件；8. 影音脚本；9. 公关新闻稿；10. 市场调研；11. 广告企划；12. 网站；13. 来自产品使用者的回馈信；14. 过期的推销快讯或电子杂志；15. 竞争对手的广告及相关资料……

有人可能会问，万一产品是全新上市，客户没有这些资料，那提供什么呢？不要有这样的顾虑，任何产品的问世一定伴随大量的书面资料，你可以让客户把这些资料发来参考，包括：1. 公司内部备忘录；2. 技术信息往来信件；3. 产品的详细说明、设计图、企划案；4. 产品原型的绘图与照片；5. 工程制图；6. 销售与营销企划；7. 相关报告；8. 各项提案……

你应在参加简报会议或着手创意文案前，坚持让客户提供这些背景资料。不妨制作一张所需背景资料清单，帮助你在要求客户提供资料时更清楚地表达需求。

当然，你还可以在网络上尽可能多地找到相关产品的信息，或者询问客户他们的主要竞争对手是谁，研究对方的广告文案。最后，在搜索引擎敲入与产品有关的关键字，说不定会找到很多适用在文案中的重要信息。

研究过背景资料，文案写手可以搜集到撰写文案所需90%的素材。剩下10%的素材，可以通过简短的面谈或电话讨论提出问题，或者基于产品特性、广告观众或文案目的进行提问。

二、提出与产品有关的问题

1. 产品的特色与功效是什么？（务必列出完整的清单）

2. 哪一个功效最重要？

3. 产品在哪些方面有别于竞争对手？（哪些产品特色是品牌独有的？哪些特色优于竞争对手？）

4. 假如产品功能与竞争对手的相同，哪些特色是竞争对手没有提过可以凸显的？

5. 这项产品有哪些科技亮点？

6. 这项产品可以应用在哪些方面？

7. 这项产品可以为市场解决哪些问题？

8. 这项产品如何与竞争对手做出区隔定位？

9. 这项产品的实用效能如何？

10. 这项产品的故障率如何？可以使用很久吗？

11. 这项产品的效率如何？

12. 这项产品经济实惠吗？

13. 产品定价是多少？

14. 使用起来便利吗？容易保养吗？

15. 哪些人买过这项产品？他们的看法如何？

16. 消费者可选择哪些材质、尺寸、型号？

17. 制造商配送产品的速度够快吗？

18. 假如制造商不提供送货上门服务，消费者该如何购买？到何处购买？

19. 制造商提供哪些服务与支持？

20. 这项产品有三包证书吗？

三、提出与广告受众有关的问题

1. 谁会购买这项产品？（产品的主攻市场是什么）

2. 这项产品究竟可以提供哪些好处？

3. 为什么他们需要这项产品？为什么现在就需要？

4. 消费者消费这类产品时，他们主要的考量（价格、性能、服务、维修、质量、效率……）是什么？

5. 买这类产品的是哪类人？他们有什么特质？

6. 买家的动机是什么？

7. 文案诉求需要考虑哪些对象？（以玩具为例，广告必须同时吸引家长与儿童）

四、确定文案的目的

1. 鼓励消费者主动询问。

2. 鼓励消费者购买。

3. 回答消费者的问题。

4. 筛选潜在消费者。

5. 增加商店的客流量。

6. 引进新产品或改良过的旧产品。

7. 与潜在消费者和现有消费者保持联系。

8. 传达新消息或产品情报。

9. 建立品牌认同与偏好。

10. 塑造公司形象。

11. 为销售人员提供营销工具。

开始写文案前，你一定要仔细研究产品的特色、功效、以往表现、应用以及主攻市场，因为在文案写作领域，细节越具体越具有销售效能。

◎ 访谈是重要的沟通方式

当然，搜集好了背景资料，不一定就能够从中得到上述所有问题的答案。有时候，你必须向客户聘用的产品专家请教，取得其他资料。这些专家包括工程师、设计师、销售人员、产品经理或品牌经理。

新闻从业人员告诉你，面对面的访谈比电话访谈好。当你跟受访对象坐在桌子两边，可以观察他们的服装打扮、容貌外表，也可以从他们的动作举止捕捉很多细节。

不过，文案写手要做的访问跟新闻记者不同。你不需要了解受访者的鲜明个性或过往经历，而要寻找简单明白的事实、单纯的产品信息。所以，你不需要"贴近"受访者，电话采访与亲自会面一样能达到目的。

事实上，电话采访有许多好处。首先，虽然专家掌握了丰富的产品知识，但产品宣传通常不在他们的职责范围，再加上他们工作忙碌，并不想介入其中。电话访问可以减少占用他们的时间，忙碌的经理人会很感谢你用这种比较有效率的方式沟通。

其次，利用电话采访比较方便记录。有些受访者对面对面的谈话录音感到紧张，有些则会在你忙着用笔记下他的话或者狂敲计算机键盘时坐立不安。电话访谈时，对方都看不见这些动作，不觉得自己说的话会被逐字逐句记下来，就会用比较放松、自然的态度与你交谈。

最后，电话访谈可以节省往返客户办公室的时间。假如你是按件计酬，电话采访能为你增加获利空间；如果你是以时薪计费，电话采访省下的时间可以算是为客户省钱，因为你花在路途上的时间减少了。无论如何，总有一方能受益。

有时候，你对某产品或市场能取得的背景资料不多，以至于不得不参加简报会议。这时候，新信息会在简报会议上蜂拥而来。遇到这种情况，你最好带个录音笔，因为当时一定来不及手写笔记。录音的同时，你还可以空出手写下任何想到的问题。

假如你已经听过完整的简报，对产品也很熟悉了，可以在访谈前准备好问题清单，包括背景资料没能补足的产品知识，访谈中应能得到简短、具体的回答。假如你不确定这次访谈究竟会做多少笔记，为保险起见，应同时准备录音笔和笔记本。

记录访谈，涉及你需不需要引用受访者的话。假如你的文案是顾客证词、专题、演说、公关新闻稿、新闻快讯或个案，你会需要当事人的说法，最好用录音笔记录他们的话。如果你的文案是平面广告、销售信、电视广告、宣传册或产品目录，采访只是为了搜集信息，你只需用纸笔记录访谈内容，撰写文案时再用自己的话重写就行了。

《作家》杂志曾经刊登一篇文章，作家桃乐丝·欣肖·派顿针对如何安排、进行成功的访谈提供了一些诀窍。

安排、进行成功的访谈诀窍

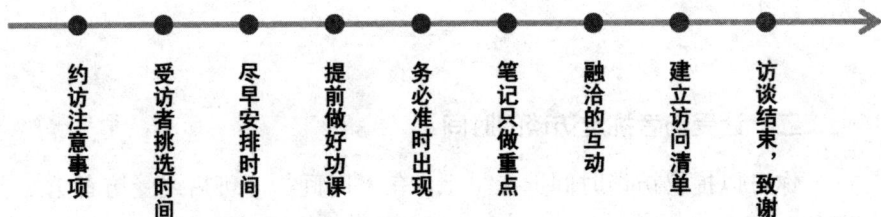

约访注意事项　受访者挑选时间　尽早安排时间　提前做好功课　务必准时出现　笔记只做重点　融洽的互动　建立访问清单　访谈结束，致谢

一、打电话约访时该注意什么

打电话约访时，你应该立刻表明身份，即谁建议你联系他，以及为什么要约访他。举个例子。

"A 先生吗？您好，我是小 C，负责为您写广告文案。公司的李总建议我打电话给您，他说您是这方面的专家。我想向您请教几个问题，如果方便的话……"

有时候，你会遭到对方的拒绝，这时下列方法可以帮你克服这个问题。

1. 向对方解释访谈不会占用很多时间。（"我准备了三个简单的问题要请教您，整个访谈大概 10 分钟。"）

2. 尊重受访者。（"虽然我可以找贵部门的其他人做访问，但他们说您是这方面的专家，我很希望广告里的信息100%正确，毕竟它是面向大众的。"）

3. 解释委托案的重要性。（"我整理的文章会刊登在今年的年报上，所以希望获得尽可能正确的信息。"）

4. 借用权威人士的影响力。（"您的部门主管××现在正跟广告代理商密切合作这次委托案，她让我们一定要先征询您的意见。"）

二、让受访者挑选访谈的时间

你可以提议访谈时间选在早上、午餐时间、下班后或受访者觉得方便的时间。有些人忙得没空在上班时间跟你沟通，他们希望约在下午5点之后，那时会稍微轻松点儿。

无论你的访谈是面对面还是通过电话，务必事先约好时间。假如是电话访谈，你应该确认受访者到时会接你的电话。而且，电话访谈跟会议一样正式，不容随意更改。

三、尽早安排访谈时间

由于广告委托案的时间比较紧迫，有时很难有充裕的时间，所以你最好在接受委托案的当天就开始进行访谈。这样一来，就算重要的受访对象人在远地或无法碰面，你也有足够的时间知会客户或设法转圜。

四、提前做好功课

访谈前做好准备，收集所有的背景资料，预先想好要得到哪些信息，列出提问清单。

受访者的时间、你的时间，都是客户花成本买来的。所以，不要浪费时间，利用珍贵的访谈时间，向对方询问产品的细节以及市场情报，这些是背景资料中所没有的。

五、务必准时出现

许多商业人士比较性急，假如你错过了约定时间，可能不会再有第二次机会给你。万一你真的无法准时出现，一定要提前打电话通知，向对方解释你当时遇到的问题。

六、笔记只做重点

如果你要做采访笔记，只要写下那些有助于厘清事实的信息就好，以免稍后将笔记打成文档时要花太多的时间筛选重点。

七、与受访者建立融洽的互动

你与对方或许有很多共同点，但你得表现出有兴趣了解对方遇到的问题，才能赢得受访者的友谊。如果受访者把你看作朋友，他总能比有敌意或冷淡的受访者做出更好的回应。

就算你没有兴趣了解研发全世界第一根光纤钓竿要克服哪些困难，也要知道这对你访谈的设计师是一件多么了不得的大事。所以，当他告诉你："光是把张力调整到正确的长宽比例，就花了我好多时间。"这时，你应该点头微笑，表示理解，甚至可以说："我可以想象您遇到的难题，这根钓竿一定是最卓越的产品。"这虽然只是一般性的礼貌回应，但有助于访谈顺利进行。

八、将访问过的对象列成清单

你应该保留所有笔记，直到文案被客户接受并出现在广告上。

如果客户想知道你的资料来源或文案中某些问题的正确性，你就可以把这些清单和笔记给客户看。

九、访谈结束后，向受访者致谢

访谈结束后，你可以发一条短信表示感谢，或将印好的广告、宣传册寄给对方。你可能没有时间做这些后续工作，它也不是必要事项，但如果你能做到这些，受访者会感到很高兴。

◎ 有效归纳和整理收集到的信息

信息整理一般包含三个关键阶段：

（1）搜索："找信息"——运用各种渠道快速找到所需的精准信息。

（2）集成："存信息"——简单来说，就是把你找到的信息定制成个人资料库，按照自定义的主题，分类存储，方便访问。

（3）整理："理信息"——单纯地集成信息而不整理，时间长了就会杂乱不堪，甚至硬盘的资料库已满，每当需要查阅时还需要搜索。定期整理信息，如归类、去重、留精、加搜索标签等，能够显著提升信息搜索效率。

　　这个阶段，你已经搜集了大量产品信息，记下了关键句或直接在关键句下画线，也完成了专家访谈，有了访谈内容。接下来，要用电脑将笔记做成电子文档并打印出来，方便撰写文案时参考。

　　这项工作可以带来两个好处：一是在大脑中过滤信息，挑选重点写下来；二是把精华内容做成电子文档，对产品信息越来越熟悉。

　　文案写作是在用自己的话提炼访谈内容，逐渐形成对产品的特定认识和销售想法。不过，很多文案写手做不到这一步，但爆红网文与平庸文章的差距就在于此。一般来说，有经验的写手不会在还没完全消化所有信息的情况下就贸然下笔，所有信息一定要经过思考、整理以及打印的过程。

　　将笔记做成电子文档并打印出来，可让你在工作时有比较清晰的参考资料。排版采用单行间距，将访谈以及宣传册、产品目录的内容浓缩成三四页文档。这样一来，你想找某项关键资料时，不必翻遍所有录音笔或成沓的文件，可以在打印文档中很快找到。

　　这份文档也可作为清单，将已用信息打勾，圈起未用的资料，删掉无用的信息。而且，阅读整齐的打印文档总比猜测潦草手迹更为轻松。

　　很多熟练的写手，能够在不参考笔记的情况下完成整个广告或宣传册文案。不过，文案完成后，还会利用这份笔记当作检查清单，确认自己没有漏掉重要事实。

　　许多文案写手认为，着手撰写文案前先拟定大纲没有帮助。这要看个人的写作方式，假如先拟定大纲有用，你就需要这样做。

　　大部分的短篇文案，如平面广告、销售信或宣传册，它们涵盖的销售卖点不会太多，所以我们在脑子里勾勒大纲就行，不需要把这些卖点先用纸笔列出来。如果文案涵盖了特别多的卖点，又没有清楚组织编排（这种情况常有），我们应先坐下来，拿出纸笔构思大纲。

　　撰写长篇文案，如宣传册、年报、专题文章、网站用文或白皮书，预拟大纲往往很有帮助。我们可以把大纲打印下来，贴在电脑旁，用它指引自己完成任务。每个段落的初稿完成后，用笔划掉大纲上的这个段落，可以带给我们成就感和持久动力。

　　写初稿前，我们可以把广告文案的大纲先给客户过目，取得他们的同意后再继续下去。这份大纲包含一个暂定标题，以及针对主题和内文的简单描述。这些描述可能用项目符号罗列，或写成几个段落。

　　这种建立文案平台的方式，可以确保客户同意你的写作方向。假如没有事先取得客户的认同，你可能在写完整个主题或概念后被客户否定掉，不得不从头再写。如果你通过文案平台与客户取得共识，这种风险发生的概率会低得多。

◎ 制定一套属于自己的写作流程

每个写手都有自己的写作方式，你也应采用最能发挥自己创造性的写作方式。

有些写手会从标题开始，先大致构思文案的视觉设计，然后完成内文部分。一定要先有满意的标题或视觉概念，他们才能继续往下写。

有些人则先从内文下手，然后再从文章中提炼标题；有些人喜欢从宣传册或年报中，选取段落最长或最精彩的部分开始写；有些人则偏好先从简单的段落入手，如董事会名单、分公司办公流程或担保书。

无论你的写作方式怎样，都得了解在一开始很难就写得完美无缺。创作优秀文案的关键，在于重写两次、三次、四次、五次、六次……直到所有元素都到位。文案新手写文案时，常常紧张得手足无措，因为他们害怕写出烂句子或蹩脚的想法。

没有人能看到你的初稿，你也不需要第一次挥棒就击出好球。放心写下所有从脑袋里冒出的想法、词汇、口号、标题、句子和片段，因为你可以随时删掉那些不够好的文字。

有些文案写手会写出远多于最终版本所需的文案字数，他们这样做是为了去芜存菁。同样，你搜集的背景资料也应远多于撰写文案所需。这样一来，你会有足够的空间，拣选更适合的文案信息。

基本上，文案写作分为三个阶段，每个阶段都可能需要多次重写。

在第一个阶段，你可以先在纸上写出所有想法，让思绪自由流动，不要自我检查，也别为了进一步发展某些想法而打断自己，不要回头检视某些已经写下的字句。只要你还有想法在脑海中流动，就持续不停地写下去。

有些写手没有办法做到让自己的思绪自由流动，他们认为写广告文案是一个艰巨的挑战，变得驻足不前、心存恐惧。假如你有相同的情况，不妨假装自己只是在给朋友写信，说服朋友买某个让你兴致勃勃的产品。

上述技巧似乎还挺管用，因为写信比写广告文案更像我们可以每天都做到的事。

到了第二个阶段，你的工作是修改文案，删除赘字，重写不够好的词句。大声地把文案念出来，确认它读起来够流畅，同时可以重新安排素材，让它更有逻辑。

此外，从头再看一次文案，检查它是否符合有影响力、有说服力的标准。假如你觉得还不符合标准就重写，强化销售卖点。这个过程可能需要更多的产品情报、更好的标题、更有力的结尾或不同的视觉设计。

第三个阶段的工作是"打扫"文案，检查错字、文法错误以及信息是否正确。同时，确认内容有没有不一致的地方。举例来说，你写的标题当中用了公司缩写 G.A.F，到了内文却变成了 C.A.F.。

文案的写作技巧跟写其他文章一样，都需要练习。撰写文案能让你学到如何培养较好的写作习惯，提升对写作的信心，强化驾驭语言的能力。

◎ 如何创作具有销售力的广告

文案写手要创作出能够卖出产品或服务的宣传内容，但这些想法从何而来？它们来自对产品、市场以及文案使命的了解，进而才能让消费者购买。

不过，就算最顶尖的文案写手，也有灵感枯竭的时候。你可以按照以下步骤来设计广告、写标题、策划营销活动或相关工作。

如何创作具有销售力的广告

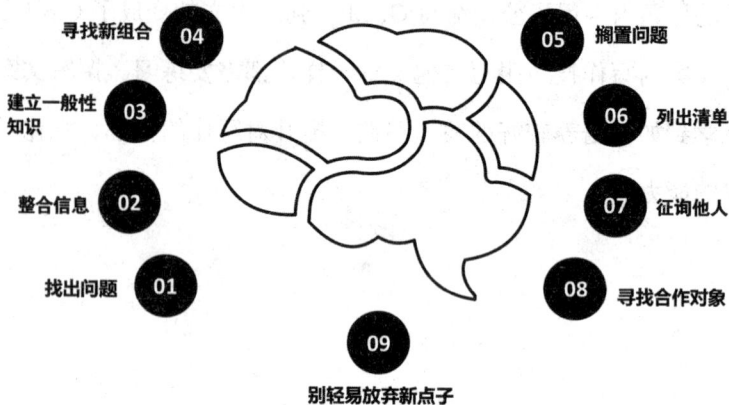

寻找新组合 **04**
建立一般性知识 **03**
整合信息 **02**
找出问题 **01**
05 搁置问题
06 列出清单
07 征询他人
08 寻找合作对象
09
别轻易放弃新点子

一、找出问题

解决问题的第一步，就是要知道问题到底是什么。但很多人还没搞清目标，就开始埋头苦干。过后，他们会用自己的经历记得这个教训：没有花时间正确厘清问题之前，别急着解决问题。

二、整合信息

犯罪推理小说中，侦探的大部分时间是在找寻线索，他们无法仅靠聪明才智就破案，必须先拿到事实证据。我们也一样，解决问题或根据手头资料做出决定前，得先掌握充分的信息。

每个领域的专业人士都知道收集具体信息的重要性。负责实验计划的科学家会先查阅文献，看看之前是否做过相关研究；写作之前，作家会尽可能搜集一切跟主题有关的资料，包括剪报、照片、官方记录、访谈稿、日记、杂志文章等；企业顾问会花几个星期甚至几个月研究一家公司的运作，最后才提出重大问题的解决之道。

所以，建议你将收集到的背景资料整理成有条有理的文档，开始构想解决方案之前先查阅这些内容，增加对资料的熟悉度，带来解决问题的新观点。此外，用办公软件将大量素材浓缩成几页笔记，再找资料更为容易。

三、建立一般性知识

文案写作中提引的具体信息涉及委托案本身，包括产品功能、市场分析、竞争对手以及媒体宣传。一般性知识涉及你的专业素养以及对日常生活的认知，包括对人情世故、社会事件、现实生活、科学技术、经营管理的了解。

你应在写作领域尽量多地学习。商业期刊是学习产业知识的主要来源，不妨订阅几种有关期刊。收到期刊后仔细阅读，然后保存那些可能对你有用的文章，并且将这些文章按照主题分类归档。

你也应多阅读与自身领域相关的书籍，建立参考书库。假如有个具备多年资历的文案老手出版了一本与广告写作有关的书，可以让你在两天之内学到作者累积多年的经验。除此之外，进修写作课程对你也有帮助，不妨多参加座谈会、研讨会，建议你广交同行朋友，互相交换信息、想法、个案或写作技巧。

四、寻找新组合

有人这样看待时事新闻："天下没有新鲜事，一切都已经发生。"但想法不一定是过时的，很多想法只是现有元素的重新组合。你可以在既有想法中搭配出新的组合，借此创造全新的呈现方式。比如，时钟收音机的发明人，仅仅是结合了两种既有的科技：时钟、收音机。

当你查阅背景资料时，不妨找出能够互相搭配的组合，创造出一种新概念或产品，发挥不同的功能。

五、搁置问题

灵感枯竭时，不妨暂时将问题放在一边，做一些休闲的事。短暂的休息后，你觉得自己又有了创作的灵感时，尽可能地搜集有用的信息。接着，在努力创作中，一而再、再而三地过滤这些信息。经过一次次的"过筛"和思考，许多问题便会迎刃而解。

灵感可能出现在任何时候，如逛街、吃饭甚至睡觉时，等到顺手时再做，永远是事半功倍的好方法。

六、列出清单

清单可以用来刺激创意思考，也可当作新概念的出发点，因为它最贴近你日常工作中遇到的问题。

举例来说，小D是熟稔产品技术细节的销售人员，但她很难说服顾客成交。要克服这项弱点，她可以先列出一份典型顾客拒绝理由以及如何回应的清单，再遇到态度强硬的顾客时就不必重蹈覆辙了。现在，她已经列出这份清单，准备好了应对策略。

不过，没有任何清单能保证你在任何情况下都想出好主意。要记住，清单只是创作的工具，不是万能灵丹。

七、征询他人

福尔摩斯是杰出的侦探，但也需要华生医生偶尔给点儿意见作为参考。

当我们年岁渐长，如何下决定便成为一个人成熟或成功的标准。一个具有理性判断的人，尤其是需要不断创新的文案人，不会人云亦云，但也不能一意孤行，吸纳他人经验、听听他人的想法绝无坏处。

不过，对于别人的意见不必照单全收。假如你觉得自己是对的，别人的建议没有根据，就忽略这些意见吧。

实际上，这些意见也可能会为你提供有用的信息，帮助你思考出最具销售力的好点子。当然，假如你经常要求别人"帮我看看这篇广告文案"，也应该在他们征询你的意见时投桃报李。你会发现检查别人的工作很有趣，毕竟批评要比自己动手简单多了。假如你能提供改善意见，对方也会很感谢你。因为这些在你看来很明显的缺失，对方可能没有想过。

八、寻找合作对象

有些人在团队中会激发出比较多的创意。这个团队要多大呢？无数团队合作失败的案例告诉你：两个人是最佳组合。

团队里超过两个人，就可能演变成冗长空洞的讨论，最后一事无成。你选择的合作对象，必须在思想和技巧上能跟你平衡互补。比如，在广告业，文案写手（负责文字部分）应该与艺术指导（负责图像部分）合作。

在企业界，公司创办人通常会用在《财富》500 强企业任职过的专业经理人来协助自己事业的成长。因为创办人知道如何从无到有，只有专业经理人才懂得如何更好地提升企业的效率和盈利。

假如你是工程师，或许能发明出功能强大的电子芯片，但要想卖出芯片获利，应该与熟悉业务和营销的人合作。

九、别轻易放弃新点子

创作过程分为两个阶段：第一阶段为头脑风暴，让思想自由流动，随意创想和发挥；第二阶段为批判与修改，应将想法放在实处，检视它们是否可行。

许多人会混淆这两个阶段，尤其是在头脑风暴阶段，想法一出来，我们就急着批评，结果常常用以往的经验过早地对事物做出判断。其实，这个阶段我们应该鼓励自己提出更多的想法，避免扼杀了好的点子。

Part 8 抓对卖点，写出热卖文案

卖点是产品销售与经营的关键要素，只有卖点能把产品变成商品，实现获得利润的根本目标。作为产品宣传工具的文案，其首要任务就是突出产品卖点，抓对卖点。

◎ 说明产品的特色与功效

撰写具有销售力的文案，第一步是告诉消费者能得到什么益处，而非描述产品特色。所谓"特色"，是针对产品或服务的事实描述，讲的是产品的本质；"功效"是产品能为消费者做什么，讲的是产品或服务的使用者从产品特色中得到的好处。

雀巢，味道好极了

据雀巢公司中国区经理介绍，新中国成立初期，雀巢咖啡就已经踏入了中国市场，但有一段时期，由于各种原因退出了。直到20世纪80年代，雀巢产品才再次进入中国。这次回到中国，雀巢咖啡伴随时代发展在这里扎根、发芽。

当时，中国人普遍喜欢喝茶，对饮料的喜好只停留在可乐上，对咖啡的认知很少。另外，咖啡的价格比茶叶贵，当时中国的消费购买力较低，只有极少数的成功人士才能品尝到雀巢咖啡的美味，大部分人不知道雀巢为何物。所以，雀巢公司在传播策略几番受阻后，开始强调产品的"中国化"。

怎么叫中国化呢？在电视广告中，雀巢咖啡向受众呈现了这样一个画面：出差归家的先生走到家门口，可爱的小女儿在楼上的玻璃窗里看见爸爸，兴奋不已。这时，妈妈虽然内心喜悦，但表现含蓄，符合东方女性稳重内敛的性格。她下意识地对着镜子理了理头发，忙着准备丈夫喜欢的食品。当先生推门而入，小女儿飞奔过去抱住爸爸，父慈女孝，一片温馨。

足以见得，雀巢咖啡这则电视广告的每一处细节，都体现出中国人含蓄内敛的民族性格和稳重大方的审美情趣。广告的最后，雀巢用特有的中国红字体，打上一句至简的宣传语："雀巢，味道好极了！"

雀巢的广告持续了很多年，尽管其间广告片的创意有过翻新，但口号一直未变。直到今日，说起"味道好极了"，人们仍旧会想到雀巢咖啡。

事实证明，雀巢咖啡这种直抒胸臆式的广告，给它带来的是越来越多的顾客和日渐丰厚的利润。

任何新兴产品，都需要给人们一段时间来接受和适应。当初雀巢在中国市场推出速溶咖啡时，面对中国人传统的喝茶习惯，雀巢首先做的是培养中国人喝咖啡的习惯，让中国人懂得品尝雀巢咖啡，并灌输这样一种思想：品咖啡，就是在品西方文化，品味西方文化，就好比融入了西方生活。

这是一个成功的文案，简明阐述了雀巢咖啡的特点——"好喝"。那么，究竟有多好喝呢？就需要消费者买回家亲自尝尝了。

　　动力销售训练公司在出版《为什么有些销售人员会失败》中指出，销售人员成交失败的十大理由之一，包括欠缺凸显产品功效的能力。该公司负责人解释："顾客买的不是产品或服务，而是这些产品或服务能够为他们做的事。然而，许多销售人员只会描述产品特色，以为顾客自己应该知道产品有什么好处。销售人员要懂得如何将特色翻译成功效，然后用'顾客的语言'呈现这些功效。"

　　同样，这道理也适用于文案写手。菜鸟写手往往只写产品特色，运用已有的资料与数字。但经验丰富的写手会将这些特色转化为消费者得到的益处，也就是消费者购买的"理由"。

　　日常生活中，人们的购买行为容易受到广告的影响。探究原因，无非是这些广告随处可见，随时可见，致使人们在潜移默化中接受了它们。这也是现在许多商家不惜花费重金，反复在电视上做广告的根本原因。

　　今年过年不收礼，收礼只收脑白金；
　　今年爸妈不收礼，收礼只收脑白金。

　　这个连3岁儿童都可以倒背如流的脑白金广告，便是最好的证明。

　　挖掘产品功效有个简单的技巧：拿出一张纸，做个两栏的表格，左栏写下"特色"，右栏写下"功效"。首先，在左栏列出产品的所有特色，它可能来自搜集到的产品背景资料、亲自使用体验、与相关人士（如消费者、销售人员、经销商或工程师）的交流。接着，逐条检视这些特色，自问：这项特色能够为消费者提供什么功效，如何让产品更有吸引力、更实用、更有乐趣或更让人负担得起……

当你完成这份清单，右栏已经填满产品能够为消费者带来的好处，即文案"卖点"。

"卖点"的魅力

房地产销售代表小赵带领一对夫妇去看房子。房子是二手房，装修得不是很精致，许多人看过后都摇摇头走了。

那位女士四处看着，突然看到楼的后院有一棵开着花的梧桐树，马上喊道："老公，你快来看看，这里有一棵正在开花的梧桐树。我记得小时候，我们家后院也有一棵这样的梧桐树呢。"

男士："是吗？"女士兴奋地点了点头，再次将目光投向那棵梧桐树。小赵马上记住了这句话。

男士："这间房子的地板不怎么样，还得换一下。"

小赵："是的，不过，站在客厅的这个位置，您只需一瞥就可以看到后院那棵漂亮的梧桐树。"女士不自觉地向后院看了看，嘴角溢满笑容。

女士："厨房好像有点儿小，燃气灶什么的都很旧了。"

小赵："您说得很对，但是您在做饭时，从窗户里能看到那棵开着花的梧桐树。"女士又望了望那棵梧桐树，笑着点点头。

男士："这间卧室也太小了吧，墙纸还这么难看，要是买下来还得重新粉刷。"

小赵："没错，不过，您有没有注意到，从这里，您刚好可以将那棵梧桐树正在开花的美景尽收眼底。"

　　最终，由于那位女士太喜欢房子后院的那棵梧桐树，他们签下了购房合同。

　　这对夫妇之所以买下这套房子，完全是因为销售员小赵看出女士特别喜欢那棵正在开花的梧桐树。所以，不管对方挑什么样的毛病，他都会巧妙地将话题落在那棵漂亮的梧桐树上，反复刺激女士的购买欲望，从而促使交易顺利完成。这就是强调产品特色的魅力。

◎ 五个关键点，帮你促成销售

　　多年以来，许多广告文案写手发展出各种文案公式来建构平面广告、电视广告以及销售守则。其中，最为人所知的公式是AIDA，即注意力（attention）、兴趣（interest）、渴望（desire）以及行动（action）。

　　根据 AIDA 公式，文案首先要引起消费者的注意，然后让他们对产品感兴趣，接着将这份兴趣升华为拥有产品的强烈渴望，最后才能直接要求消费者购买产品，或是采取其他能促进成交的行为。

以下步骤是本书总结出的写作"干货"，有助于文案写手创作出具有销售力的广告文案。

五个关键点，帮你促成销售

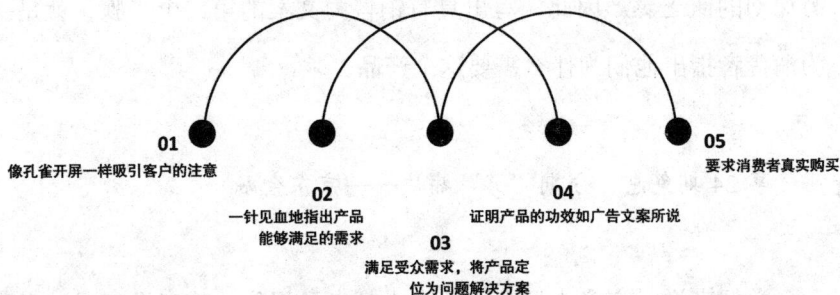

01 像孔雀开屏一样吸引客户的注意

02 一针见血地指出产品能够满足的需求

03 满足受众需求，将产品定位为问题解决方案

04 证明产品的功效如广告文案所说

05 要求消费者真实购买

一、像孔雀开屏一样吸引客户的注意

这是广告标题与视觉设计的工作，标题应该锁定对消费者最有吸引力的一个好处（功效）。

下一个十年，更好的时代，值得更好的你——梦之蓝 M6⁺

有些文案写手企图在开头用文字游戏、双关语或与产品没有直接关系的信息吸引消费者，而把产品最有吸引力的好处留到文案最后，打算来个漂亮的收尾。

这样做大错特错。假如你不在一开始就点出产品最吸引人的好处，消费者可能连标题都懒得看完，因为产品的实际功效是消费者对它感兴趣的最重要原因。

二、一针见血地指出产品能够满足的需求

所有产品都可以解决某个问题或是满足某种需求：汽车能够解决上下班的通勤问题；空调能够让你在夏天不必汗流浃背；含氟牙膏能帮助你预防蛀牙；漱口水让你免于口臭的尴尬……

然而，对大部分产品来说，消费者的需求可能并不明显或是没有深刻的匮乏感。因此，写出具有销售力文案的第二个步骤，就是为消费者指出他们为什么需要这个产品。

享 24 期免息，分期"够"痛快——京东金融

举例来说，许多小型企业负责人都自己报税，从来没有想过雇用会计师。不过，会计师懂得利用最新的报税规定来节税，每年为公司省下不少资金。所以，想要以小型企业为目标客户的会计代理事务所，可以刊登这样的广告："你想每年花 1000 元省下 6000 元甚至更多的税钱吗？"

这个标题以提出问题的方式赢得企业负责人的注意，暗示对方在报税时有必要寻求专业人士协助，并在文案内文中给予进一步解释。

三、满足受众需求，将产品定位为问题解决方案

当你让消费者相信自己确实有需求，就得尽快指出产品能够满足他的需求、回答他的问题或解决他的麻烦。

零墨水，零碳粉——手机打印用汉印

这是多么直白又诱人的广告，短短几个字，就让客户明白了他能够得到的，刚好又是他需求的痛点。

四、证明产品的功效如广告文案所说

既然希望消费者将辛苦挣来的钱花在你的产品或服务上，仅宣称产品可以满足需求是不够的，还得证明自家产品优于竞争对手，让消费者相信你。

全系专业，时尚不凡——华帝智能厨电

说服消费者购买产品得到好处，可以借鉴以下经验。

1. 指出产品或服务的实际好处，做一份特色、功效表，告诉消费者为什么要购买。

2. 利用使用者的亲身体验，用他们满意的话来称赞产品。这比起制造商王婆卖瓜，或者来自第三者的担保要有说服力。

3. 跟竞争对手做比较，逐项解释为什么你的产品功效更胜一筹。

4. 假如你已经做过研究证实了产品的优越性，把证据放在文案中，或提供免费的研究副本给有兴趣的消费者。

5. 让消费者信赖你的公司会永续经营，不妨提及公司的发展历史、经销网的规模、年销售业绩。

五、要求消费者真实购买

任何文案最后一定是呼吁消费者购买。假如产品是通过快递到家，广告文案会要求消费者扫码下单；假如产品是通过零售商销售，文案可能会要求消费者亲自去店里体验。

不是所有的牛奶都叫特仑苏，官方正品在天猫——特仑苏旗舰店

　　如果广告文案并非直接销售产品，就要明确说明销售流程，告诉消费者该怎么做。举例来说，商家会免费提供产品宣传册、说明书或是样本，鼓励消费者就算今天不买，以后也可多关注此类产品。

　　每份文案都要注明公司的名称、地址、电话号码。你写的是零售商文案，记得注明店面的地点、营业时间；你是为某特色饭店或旅游景点写的文案，记得附上交通指引以及附近地区的地图。

　　产品目录要附带订购单，销售信要附带回复卡，官方产品介绍则要列出经销商名单。总之，要让消费者容易回应。

　　可能的话，要让消费者有立即回应的诱因，可以是优惠券、限时拍卖、前100名订购者有折扣等。你不但要鼓励消费者回应，而且要促使他们立即回应。

◎ 独特的销售卖点

英国文学家塞缪尔·约翰逊说："承诺，尤其是重大承诺，正是广告的灵魂。"

要如何在广告中做出足以说服消费者的承诺，让他们舍弃竞争对手的产品转而投向你的？方法之一是发展出一套 USP，即"独特销售卖点"（unique selling proposition）。

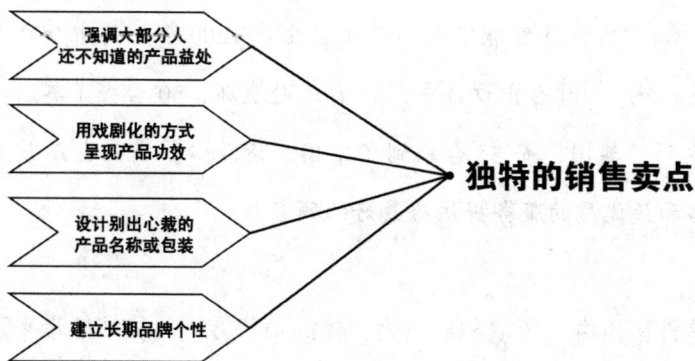

什么是独特销售卖点？《实效的广告》作者罗素·李维斯发明了这个术语，用来描述产品胜出竞争对手的主要优势。这个概念界

定是：你的产品没有比同类型对手更好或做出区别，消费者就没有理由只选择你的，而不选择别家的。所以为了有效宣传，你的产品必须有独特的销售卖点，也就是其他品牌没有的主要功效。

根据李维斯的理论，一个 USP 必须符合三个要件。

第一，每则广告必须为消费者提供一个卖点："买了这个产品，你可以获得……这样的好处。"文案标题必须包含一个购买益处，也就是给消费者的承诺。

第二，卖点必须是竞争对手没有或无法提供的，这是独特销售卖点的精髓所在。仅提供益处并不够，你还得让产品有别于其他同类产品。

第三，产品卖点一定要吸引人，才能让众多消费者投向你的怀抱。所以，你的产品不能只是在小的地方做出区分，独特卖点对消费者来说必须足够重要。

　　×××高科技智能家电，一年只生产 1200 台。其中 900 台留在了原产地，100 台出口日本，50 台远赴澳洲，50 台去了美国，46 台被运到了英国，而 54 台来到了中国。请放心，我们会以最实惠的价格和最优质的服务提供给最好的顾客。

　　这种集猎奇、稀缺和品质为一体的销售方式，往往能带来意想不到的效果。

为什么很多广告未能发挥促进销售的效果？原因之一是，营销人员没有为产品打造出够强的独特卖点。假如你在撰写营销方案和广告文案时，没有事先想过产品的独特卖点，你的广告力度就会很弱，没有能够鼓励消费者回应的元素。

在包装食品的广告上，营销团队经常要砸数百万元甚至数千万元建立强势品牌，借此创造市场区隔。

可口可乐就是靠品牌取得优势的。你想喝汽水，市场上有十几种品牌的苏打水可以挑选。如果你想喝可乐，可口可乐就是最优先的选择。英特尔也有同样的品牌优势，它花了惊人的成本宣传奔腾系列处理器。

给电脑一颗奔腾的芯

英特尔的广告一贯力求向人们展示高速发展的未来社会是什么样子，并把这种对未来的"蓝图"灌输到每个人的思想里，让人们准确了解到英特尔究竟有多不可思议，挑起人们的购买欲望。而且，英特尔长期使用的广告语"给电脑一颗奔腾的芯"则是一语双关，既突出品牌，又贴切地体现出奔腾处理器的功能。

同样是广告，英特尔做到了真正的"深入浅出"，但没有用那些乏味的高级词汇来表述产品，而是运用公司的志向和对未来的把握树立自己品牌的个性，难怪英特尔会成为人们最推崇的品牌之一。

有好多企业规模小，营销必须立即产生投资回报，根本负担不起重金来打造品牌。针对这样的公司，我们应该用其他方式为产品的独特卖点做出市场区隔。一个常用的方式是凸显产品或服务的特色，这项特色必须是竞争对手的产品或服务所没有的。

以包装食品 M&M 巧克力为例："只融你口，不融你手。"一旦 M&M 以这项宣称作为独特卖点，其他竞争对手还能怎么做？难道要登广告说"我们也只融你口，不融你手"吗？

成功的市场营销，必须创造出净收益高于成本的广告。李维斯相信所有的广告都应该做到这一点，他将广告定义为"以最低的成本，将独特卖点植入最多人心的艺术"。

SSC&B 广告公司前任总裁兼创意总监马尔科姆·麦克道格尔指出，为看似没差异的产品做广告有以下四种方法。

一、强调大部分人不知道的产品特点

曾经有名文案写手跑去参观某啤酒厂，希望能发掘这家酒厂的啤酒跟其他品牌有什么不同。他发现啤酒罐就跟牛奶罐一样，会在蒸汽蒸馏水中冲洗杀菌。虽然所有品牌的啤酒都会用这种方式杀菌，但没有酒厂强调这一点。所以，这位文案写手在文案中提到该品牌啤酒洁净，啤酒罐都经过蒸汽蒸馏水冲洗。这家酒厂的产品独特卖点就此产生。

15° 的水果高粱酒——江小白

你不妨先研究一下产品的特色及功效，再看看竞争对手的广告，找寻其中是否有对手漏掉的重要功效，可以用来当作产品的独特卖点，使产品有别于其他品牌。

二、用戏剧化的方式呈现产品功效

电子商城 Radio Shack 曾经播出一则广告：两个男人各站在大峡谷的一方，用无线电对讲机联络。虽然大部分无线电对讲机在这个范围内通话没有问题，但 Radio Shack 的广告用独特而戏剧化的方式呈现产品的远距离通话能力，目的只是要让消费者注意到这项产品。

三、设计别出心裁的产品名称或包装

还记得 Pez 牌糖果吗？ Pez 卖的只是一般糖果，但外包装设计（包装上有米老鼠、布鲁托等卡通人物造型）让这款糖果变得很特别。

同样的设计概念还有 L' Eggs 牌丝袜，它的独特之处不在于丝袜的设计、材质或风格，而是销售成品的蛋壳形包装。

还有多年以前的麦宝广告，它从来没有证明自己比其他麦片品牌有何优越，只是让"我要我的麦宝！"成为大家朗朗上口的台词。

让产品名称或外包装家喻户晓，确实能让消费者在众多品牌中选择你的产品。不过，打品牌知名度的成本较高，除非你的客户舍得"烧钱"，否则很难靠打响名气来促销产品。

高钙美味，助力成长，奶酪就选妙可蓝多——妙可蓝多

妙可蓝多新包装解锁动画电影《汪汪队立大功》中狗狗的全新姿势，让小宝贝与他们喜欢的小明星更贴近，让小朋友一下子就喜

欢上了这款产品。新包装还增加了配方元素的说明，让我们可以更加直观地了解到奶酪棒中的营养元素。

四、建立长期品牌个性

全国性知名制造商会利用广告为品牌塑造个性。

Just do it.（只管去做）——耐克

耐克的商标图案是个小钩子，造型简洁有力，又酷似闪电，让人很容易就想到使用耐克体育用品后所产生的速度和爆发力。

NIKE 这个名字，在西方人的眼里是十分吉利而且易读易记的。耐克商标象征着希腊胜利女神翅膀的羽毛，代表着速度，同时也代表着动感和轻柔——这就是清晰明确的品牌特性。

老牌演员唐·梅瑞迪斯拍摄的广告，在消费者的心中反复灌输立顿红茶"清新"且"富品位"的印象。

如果你有庞大的预算，可以利用广告为产品塑造独特的个性，深深植入消费者的心中。就算你的广告预算没那么充裕，还可以通过产品特色及功效打造独特销售卖点，让你的品牌有别于市场同类产品。

◎ 了解顾客，与顾客的心产生共鸣

《今日心理学》刊登过一篇研究，旨在发掘成功的销售人员有哪些特质，指出："顶尖的销售人员会通过'催眠式步骤'，先营造信任的氛围和亲切感。在催眠式步骤的进行过程中，销售人员的说辞与姿态反映了顾客的观察、经验及行为。这是一种镜像模仿，像是在暗示对方：'我跟你一样，我们是一致的，你可以信任我。'"

乔·吉拉德是雪佛兰汽车的一名推销员，在他的推销生涯中，他也一直坚持开雪佛兰。也许有人会产生疑问：乔·吉拉德为什么不开其他品牌更好的汽车呢？是因为他买不起吗？当然不是，乔·吉拉德之所以坚持驾驶雪佛兰，是因为他知道，要想让客户购买自己的产品，就必须自己先相信产品是同类中最棒的。

乔·吉拉德说过："我发现许多雪佛兰经销商开着凯迪拉克和梅塞德斯去上班。每当我看到他们这样做，我就觉得痛心。要是我推销雪佛兰却开其他牌子的车，我的客户见了就会想，吉拉德是不是不屑于坐他自己推销的车。在我看来，向客户传达这样的信息真是愚蠢至极。"

事实的确如此。倘若连一名销售人员都不使用自己的产品，他就不可能在销售的道路上走得更远。所以，要想成为像乔·吉拉德这样的金牌销售员，你必须对自己的产品产生百分之百的信心与兴趣。

同样，成功的销售人员可以与消费者产生共鸣。他们不会套用刻板的销售术语，而会先设法了解消费者的需求、情绪、个性与偏见。借由销售过程中反映消费者的想法与感受，他们可以突破消费者的抗拒心理，建立信赖感与可信度，凸显真正符合消费者利益的产品特色。

文案写手必须深入了解消费者。当然，你不可能为每个销售对象设计专属于他的广告，但通过了解市场需求，可以为特定的消费群打造文案，并不需要兼顾整个市场。

写出具有销售力的文案，关键在于了解消费者，以及他们的购买动机。很多广告是在真空状态下创作出来的，厂商与广告代理公司最后推出的文案，仅根据那些吸引他们的产品特色，而不是真正对消费者有重要性的特色及功能，结果就是文案只满足了厂商与广告代理公司，消费者一点儿感觉也没有。

曾有市场营销公关公司发表过一项调查，询问广告代理公司和高科技产品买家认为哪些产品特色比较重要。结果显示，广告代理公司认为应该强调的特色对买家无关紧要，这就忽略了许多对买家而言相当重要的信息。比如，采购专员与工程师认为购买高科技设备时，价格是第二重要的考量因素。但广告代理公司并不认为价格应该是文案的重点，反而觉得高科技产品的广告应该强调消费者可以省下多少时间。然而，工程师与采购专员都说，省时的考量远远比不上产品的特色与功能。

别靠空想来撰写文案。不要只是坐在电脑前，随便选些符合自己喜好的产品特色与功效，而应找出消费者真正关心的特色与功效，写出那些能够鼓励消费者购买产品的卖点。

这个例子很有意思，它是一封邀请函，一项专属美国精英企业的特别邀请。

亲爱的创业家：

对，就是你！

各位中小企业主是自由企业精神的基石，你们的雄心、视野以及勇气，将永远是美国经济背后的驱动力。

遗憾的是，许多商业刊物似乎遗忘了这一点。他们将重心放在企业集团、跨国公司、富可敌国的石油公司这些大目标上，却对民间的小公司漠不关心。

……

这封邀请函之所以产生了很大的反响，是因为它直接诉诸创业者"一切靠自己"的荣誉感。文案写手能够与消费者感同身受，了解创业者如何看待自己，因而获得了成功。

所以，你要彻底地了解消费者的消费心理，方法之一就是也要密切注意自己的消费行为。比如，当你选购方便面时，要关注这款方便面究竟是名人效应打动了你，还是图片上呼呼冒热气的面汤更让你动心。

一旦你将自己定位成懂得消费者心理的文案写手，就会对消费者有更多的尊重，写出包含实用产品信息、具有销售力的文案，而不是空洞花哨的文字游戏。

另一个了解销售对象的方式是实地接触消费者，把握市场的脉动。当你进入超市时，多多观察消费者的购物习惯，哪些人会选择折扣商品，哪些人会选择大品牌。

去汽车经销商那里选购汽车时，你可以观察金牌销售人员如何运用说话的艺术，仔细听他们如何向你推销，思考有些话为什么能打动你、有些却不管用。

接到推销电话时，你不妨听对方说完，看看有哪些推销技巧可以运用在文案中。你还可以参加商展，观察不同领域的客户具备哪些特质。

你也可以与在生活中自己实际接触到的对象多聊聊，包括店主、律师、房产中介、维修技工等，听听他们用什么技巧推销自己的服务或商品。那些在一线与顾客面对面的生意人，对销售现实的了解更胜于广告业务代表或企业品牌经理，细听顾客说什么，你会学到打动对方的技巧。

有句俗语说："你不可能讨好每个人。"是的，你不可能制作出能够打动每个人的平面广告或电视广告，因为不同的消费群体有不同的需求。所以，文案人首先要确定目标对象，也就是想主攻的市场区块，接着再研究哪些产品功效符合消费者的兴趣，量身打造文案内容与信息呈现方式。

向家庭主妇推销冷冻食品时，她们最感兴趣的是营养价值与商品价格；一名年轻的单身职业人士，会比较在意商品（食品）的便利性，他并不想在厨房花太多的时间。所以，价格不是他最重视的因素，因为他比家庭主妇拥有更多的可支配收入。

以复印机为例。大型企业采购复印机，重视的是机器速度，以及是否具备多功能，如彩色影印、自动分页或双面打印。家用复印机够用就行，也就是偶尔打印文件、给孩子打印作业，还要优先考量空间，因此复印机的体积也是个重要因素，至于复印件的速度与功能就不是那么重要了。现在市场上主流的家用复印件都可以无线联网、扫描复印、打印。

你对顾客究竟有多少了解？光知道自己的销售对象是农民、信息科技专业人士或维修工，这只是个起点，得更深入地挖掘。

要写出具有销售力的文案，你除了要掌握销售对象的年龄，还得切实了解驱使他们购买的动力，如他们想要什么、有什么感受、面临哪些问题、有哪些担忧，文案必须在理性、感性以及个人层面打动销售对象。

◎ 提供购买意愿的说明清单

　　同样是文案作者，为什么有的人能月薪 3 万元，有的却只有月薪 3000 元呢？其中的差别，不仅体现在作者对文字的把控能力，更体现在作者挖掘卖点和表现卖点的能力。

　　很多人有这样的经历：辛辛苦苦写了几天的文案，却被上司当场否决。更可气的是，别人随口说了句话，听上去平淡无奇，上司却通过了他的文案。

　　如果你还没弄清楚其中的道理，我可以很负责任地告诉你，那是因为你没有深挖产品的痛点，没能写出消费者想看到的东西。

　　每个人购买产品的理由不同。举个简单的例子，同样是需要购买一件羽绒服，北方的冬季户外气温低，消费者可能需要买保暖效果好、更厚重的羽绒服；南方的消费者可能需要款式轻薄，同时具备一定防雨效果的羽绒服，因为南方的冬季经常有微雨——这就是购买差异。

　　基于此，下笔写文案前，最好先审视消费者为什么要买你的产品。以下是本书列举的购买动力清单，总共 22 项，充分体现了消费者掏腰包的背后动机，帮助你厘清销售对象，以及说服他们购买的理由：1. 为了被喜欢；2. 为了被感谢；3. 为了做正确的事；4. 为了感觉到自己的重要；5. 为了赚钱；6. 为了省钱；7. 为了省时间；8. 为了让工作更轻松；9. 为了得到保障；10. 为了变得更吸引人；11. 为了变得更性感；12. 为了舒适；13. 为了与众不同；14. 为了得到快乐；15. 为了得到乐趣；16. 为了得到知识；17. 为了健康；18. 为了满足好奇心；19. 为了方便；20. 出于恐惧；21. 出于贪心；22. 出于罪恶感。

你不妨回想自己买过的东西以及买这些东西的理由：买香水，是为了让自己清爽；买运动设备，是为了得到乐趣；出入健身中心，是为了身体健康；买保险，是为了得到安全保障；买恒温空调，是想让自己舒适一点儿；买自动烤箱，是为了做饭方便……

一旦你了解到消费者的购买动机，就会知道如何推销产品以及撰写文案。剩下的工作只须将文案组织好，适当修改并运用一些技巧。

Part 9　创意电商文案撰写方法

电商文案对网络产品的销售十分重要，尤其对于新开的网络店铺更是如此。它不单指文字意义上的文案，在表现形式上是图片与文案的结合。只有两者相互呼应、相互融合时，电商文案才能成为好文案。

◎ 电商文案的撰写

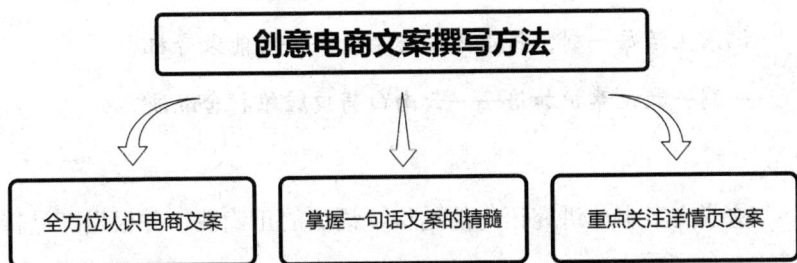

```
        ┌─────────────────────────────────┐
        │      创意电商文案撰写方法          │
        └─────────────────────────────────┘
```

```
┌──────────────────┐  ┌──────────────────┐  ┌──────────────────┐
│  全方位认识电商文案  │  │ 掌握一句话文案的精髓 │  │  重点关注详情页文案  │
└──────────────────┘  └──────────────────┘  └──────────────────┘
```

一、全方位认识电商文案

在电商企业，一份优秀的文案可以提升单品转化率，增加产品连带销售，加深受众对品牌的印象。然而，主图做不好，点击率就上不去；详情页做不好，转化率就上不去。没有点击率和转化率，再厉害的运营高手也无力回天。

所以，电商文案最直接的意义，就是提高点击率和转化率。

可能你写的品牌文案影响有多大，你还不确定，但电商文案的效果却能直接反馈在数据上。

一般来说，电商产品的文案由三部分组成：网页设计、图案图形、产品描述。详情页的描述能否抓住产品痛点、赢得用户信任，直接影响消费者停留时长和支付订单。

二、掌握一句话文案的精髓

在电商时代，长篇大论的文案作用微乎其微。反之，哪个电商企业能用简短的一句话拨动消费者的心弦，就能成为营销方面的胜者。

现实生活中，有很多朗朗上口的广告文案几乎都是一句话或不超过三句话，堪称经典的广告文案。

　　记录生活每一刻，传承感动与亲情——智能录音机

　　一刷一漱，养护加倍——云南白药口腔维护含漱液

这些文案十分讲究语句的结构、语法的正确性，并根据产品特点、消费者需求等进行创作，而不是华丽辞藻的胡乱堆砌，也不是一味讲求诗一般的意境。求真、朴实，针对消费者的需求来创意，才能打动消费者。

电商企业可以结合产品本身的特色、功能等因素，进行一句话文案的创作。比如，以产品的特性、定位、风格、品牌为主题，进行刺激消费者眼球的创意体现，进而获得受众群体的认可，实现文案促销的目的。

其实，一句话文案不是独立的个体，它由多种方法循序渐进地选择、演变得来，不是随意想到的一句比较符合产品主题的话，也不是充满诗情画意的句子。

要想打造成功的一句话文案，必须从文字和素材本身出发。

图文素材方面，诸如同类产品的图片、相关网站、时尚杂志甚至是诗句短文等，都可以收集起来并分类放置。

整体文案的构思方面，奇思妙想往往更能打造出吸引人的文案。奇思妙想主要是分析和了解产品的戏剧性，然后将这种效果发挥到极致，但是想法本身不能脱离产品主题，必须针对消费者的心理进行想象。

另外，优秀的电商文案由文字与图片结合而成，只有"一句话"是不够的，还必须有一张能配合"一句话"且展现产品特性或活动主题的"一幅图"，这样才能形成好的电商文案。

图片要想引起消费者的注意，需要从构图、造型、色彩与质感等方面入手。

构图方面，一幅图需要一个符合产品主题的轮廓，精致地凸显相关产品，产生整体的可读性。除了凸显主题，文案的排版、图片的摆放都属于整体需要注意的范畴。

对于文案，"一幅图"不单单是产品图片或是一张富有画面感的海报图、广告图，它是一幅需要利用促销信息引起消费者兴趣的图片。当然，促销信息不能太多，有一个主题即可。

制作"一幅图"的文案和主题前，文案创作者需要确定文案风格。以风格为基础，选定文案的文字装饰及图片主题。这种风格可以根据产品特性来定，如古典风、高贵风、童话风、明星风、功夫风等。

三、如何撰写详情页文案

电商文案中，详情页最能直接展示产品的特点，决定消费者能否产生购买欲望。所以，对详情页进行详细讲解十分必要，尤其是详情页文案的类型、人性化设计效果以及视觉优化方法等。

1. 详情页的类型

电商文案中，较常出现的详情页文案一般来说有三种形式：一种是以图片为中心，一种是以产品为中心，另一种是以人为中心。

电商店铺中，详情页一般以图片为中心，大多利用简短的文案为图片增添内容感，直接展示产品的细节，并以常规摆图式将产品详情展现给消费者。

详情页也可直接以物为中心，大多以产品图片为主，重点解析产品的功能，辅以少量的文字标注，增加消费者对产品功能的了解。

以人为中心的详情页可以融合其他两种形式，主要表现是在创作文案前，选择目标消费者类型（消费者分为感性消费型和理性消费型），然后根据消费类型创作详情页文案、页面风格。

不管是详情页的页面风格还是文案，都要根据消费者的生活习惯、操作习惯来创作，这样既能满足消费者的功能诉求，又能满足消费者的心理需求。

2. 人性化设计效果

对电商文案来说，人是所有营销的核心关键点。详情页只有进行人性化设计，满足消费者的需求，符合消费者的视觉习惯，才能吸引他们的注意力，进而产生购买行为。

情感消费时代，消费者购买商品看重的不一定是商品数量、质量以及价格，也可能是基于感情上的需求或心理认同。据此出发，文案设计可以主打情感营销。

电商企业制作详情页文案时，不仅要重视企业和消费者之间买卖关系的建立，还要强调相互的情感交流，满足消费者购物时对环境、气氛、美感、品位、舒适、享受的需求，这对企业树立良好形象、实现长远销售目标非常重要。

3. 详情页的视觉优化

优化详情页的前提，必须是了解详情页本身的信息。对电商来说，了解了详情页，才能将这些内容利用起来，做出容易吸引消费者注意力的视觉文案。

（1）优化产品标题。大部分消费者是通过搜索关键词找到相关产品的，关键词的流量相对高，这对产品标题的重要性显而易见。产品标题包括有效关键字的个数和关键字的有效水平，直接影响产品搜索概率、曝光率和访问量。优化产品标题，是专职优化人员通过对产品现有标题进行美化，增加有效关键字的个数，提高关键字的有效水平，进而提高产品的曝光率和访问量。

（2）优化页面打开时间。消费者浏览网页的等待时间通常不能超过7秒，如果7秒内产品页面还没有打开，消费者很可能会直接关闭该网页，所以产品描述图片尺寸不能太大。很多店铺的产品描述图片做成一个整体大图，殊不知，这会影响页面的打开速度，要尽可能把大图剪切成几部分小图再上传。

（3）优化产品主图。好多店铺的产品主图只有一张，做得也不美观。消费者通过搜索进来店铺，首先看的是产品主图，所以主图一定要清晰，最好是有放大镜效果，让消费者能清晰看到产品细节。

（4）优化产品主图右侧信息。这里可以展示产品活动、销售属性，信息一定要全，增加消费者对产品的信任度。

（5）优化产品类目。上传产品时，不要盲目分类，放错产品类目后果很严重。可以在不同的电商平台搜索同样产品放到了哪个类目，还要看电商平台上哪个类目放得最多，增加被搜索的概率。

（6）优化产品属性。搜索产品时，因为同类产品多，所以产品的信息要全面，能精确表达产品，这有利于消费者一下子寻找到。所谓精确搜索，就是在搜索框下勾选自己想要产品的属性。

（7）优化店内活动。全店的活动可以做一张精美的图片，放到每个产品描述里，提高消费者的吸引力，增加购买力。

（8）突出产品的卖点。一定要把店中每款产品的卖点凸显出来，只有这样才能吸引消费者购买。产品卖点可以是产品本身的活动，也可以是产品与众不同的地方。当然，卖点里最好加上自己产品与其他产品的对比，加深消费者对本产品的好感。但要注意，不要刻意诋毁竞争对手的产品。

（9）优化产品图片。图片一定要清晰，全方位展示产品，只有这样才能让消费者获得真实感、信任感，更加了解产品。

（10）优化文字描述。文字描述要详细，尽量全面说明产品的基本属性，如包装、规格、口味、产地等，最好加上生产商简述，给消费者一种真诚的感觉，为产品加分。

做到以上这些细节，产品详情页就能让消费者觉得关怀备至，从情感上抓住了他们的心。所以，产品描述应对消费者攻心为主、攻脑为辅，不要给他们太多的理性思考时间，看完产品描述就让他们与产品产生共鸣。

◎ 微信营销推广文案的撰写

营销是企业发现或挖掘准消费者的需求，进行产品销售的重要途径。

微信营销文案，是微信营销落地实施的具体表现形式，产品销售页面需要具有强说服力的文案，资讯内容需要具有深度价值的文案，网络传播更需要具有病毒爆发力的文案。

很多朋友对零成本倍增微信图文信息转发数量感到不可思议，甚至认为不可信。事实上，这绝对可信、可行。

微信图文转发数量，是微信公众号运营专员重点考核的指标之一，转发人数影响图文阅读人数及次数。除了微信公众号名称、Logo，微信内容策划是微信运营的核心。

那么，如何增加微信营销文案的转发量呢？

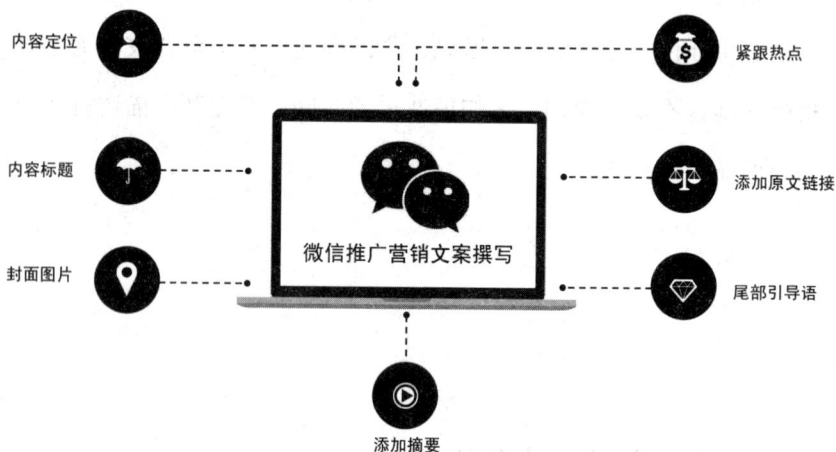

内容定位 — 紧跟热点
内容标题 — 添加原文链接
封面图片 — 尾部引导语

微信推广营销文案撰写

添加摘要

1. 内容定位

优先考虑粉丝喜欢的内容，内容定位比涨粉重要，做好内容等于加强了推广力度。独一无二、有稀缺价值、有争议的内容，远比思考如何获取粉丝重要。有稀缺价值的内容能引发用户分享并收藏，争议性的内容会引发用户激烈参与，独一无二的内容会引发用户持续关注。

2. 内容标题

无论是主动推文，还是别人转发的图文，基本上第一眼只能看到标题。如果你的标题不吸引人，别人会点开看吗？连被点开的机会都没有，怎么让别人成为你的粉丝？

3. 封面图片

大图片建议尺寸是 360 像素 ×200 像素，比例过大或过小都会造成图片上传时被压缩变形。什么样的首图点击率更高呢？大家可以多关注几个微信公众号，看看哪些图片会吸引自己点击。

4. 添加摘要

摘要是首图下面的引导性文字，单图文可以选择添加，多图文可以不添加。当你在单图文编辑模式下，没有选择添加摘要，微信就会默认把正文的前面文字拿出来当摘要显示。建议事先写好微信摘要，否则，粉丝看了三行文字还是不知道这条内容想说什么，这样的图文他会接着看下去吗？

5. 紧跟热点

热点营销其实是一种借势营销，是指企业及时抓住广受关注的社会新闻、事件以及人物的明星效应，结合企业或产品在传播上达到一定高度而展开的一系列活动。

生活中缺乏的并不是热点，而是发掘热点的人。所谓热点营销，是借助事件的影响力为自己的产品做推广。

A. 找热点常用工具，如百度搜索风云榜、微博热搜榜、今日头条热搜榜。

B. 一些可以预测的节日、特殊时段、赛事可能会引发讨论。这类常规热点的优点在于能够事先知道，做好规划和准备；弊端是大家都在研究同一件事，想要脱颖而出的难度系数增加。

C. 突发热点，几乎可以囊括非常规热点之外一切不可预料的话题和事件，可以是时政新闻、娱乐花边、无厘头的趣味等。

6. 添加原文链接

增加微信图文信息时，微信中没有办法放链接，只有尾部的"阅读原文"处可以放上链接，给企业手机网站或图文信息增加浏览量。你可以理解为给用户推荐相关内容，方便用户找到所需的知识。

7.尾部引导语

一般在页脚前放上一段非常有煽动性的话，让你更有转发欲望，非常值得斟酌。

A.【分享】"最自私的行为是无私。"当将有价值的信息传递给身边的朋友时，你在他们的心里会变得更有价值。点击右上角"…"按钮，可以分享到朋友圈。

B.你觉得本文对你有启发，请点击右上角"…"按钮，分享给更多的朋友。分享越多，收获越多，谢谢！

互联网上的信息遍布各个角落，让用户在众多的产品信息中发现你，要靠争夺用户的眼球。好的创意就像催眠曲，用户会按照你的信息和指示自愿往下走，一直到付费完成。这个过程中，你的创意营销信息应该环环相扣，就像悬疑推理电影一样让用户深度喜欢。

◎ 怎样提高朋友圈文案的阅读量

所谓朋友圈，就是"朋友的圈子"。我们刷朋友圈，大多是为了了解朋友的生活动态，所以朋友圈里很多成功的、没有引起反感的、不是"一刷而过"的广告，更像朋友在对你说话。

现在，刷微信朋友圈已经成为很多年轻人的日常生活习惯。刷着刷着，总有那么几个人动不动就无病呻吟，自拍、购物、美食不断；还有人做起微信代购，整天推销不断。

近日，某社会调查中心对 2000 多名受访者的调查显示，67.7% 的受访者经常使用微信朋友圈，26.9% 的受访者偶尔使用。近八成（78.2%）的受访者在微信朋友圈里都遇到过令人厌烦的信息，具体而言，营销代购最招人烦，63.3% 的受访者表示不喜欢。

那么，怎样才能让人在刷朋友圈的时候，不把那些讨厌的营销屏蔽掉呢？

如何提高朋友圈文案阅读量

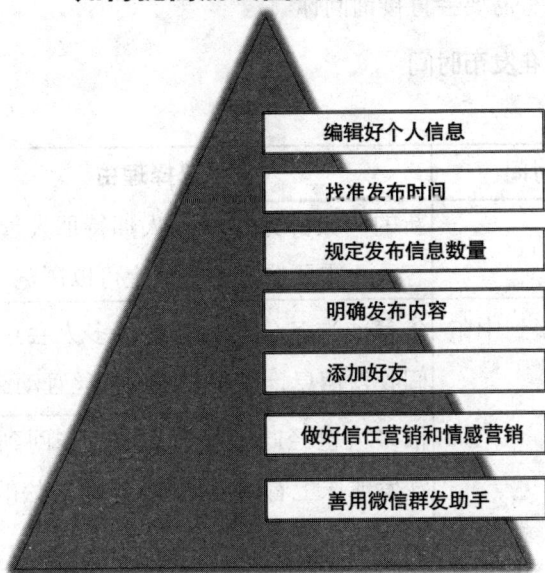

- 编辑好个人信息
- 找准发布时间
- 规定发布信息数量
- 明确发布内容
- 添加好友
- 做好信任营销和情感营销
- 善用微信群发助手

一、编辑好个人信息

完善的资料信息和清晰的产品诉求，是任何营销方式必备的基础。做微信朋友圈营销，至少让朋友看到你的头像、名称和签名等，清楚你是做什么的，然后才会看你发送的内容对他们有没有帮助。

头像：自己喜欢的就可以，最好要具有亲和力。

名称：微信通信录排序规则是星标好友，根据首字拼音排序。名字越排在前面，越方便客户快速寻找；也可以用真实名字，显得更加具有信任感；还可以是名称＋销售顾问。

签名：让好友清晰了解你的业务范畴是哪些。

朋友圈展示位置头图背景：方便来访朋友短时间清楚知道你是做什么的，有需要会直接询问你。

二、找准发布时间

推送时间	选择理由
早上 8 点左右	新的一天开始，很多人期待朋友圈的更新内容，更重要的是上班路上可以浏览。
上午 11 点半到中午 12 点半	午餐或准备午休时段，很多人会选择这段时间收发信息，在朋友圈和粉丝互动。
晚上 7 点到 9 点	很多人已经吃完晚饭，散完步回到家里躺在沙发或床上看电视，一天中最放松的时间段，朋友圈是打发时间的好地方。

利用各时间段，把发布内容分段发，增强内容的可读性。

三、规定发布信息数量

自己编写的内容要 1 ～ 3 条为宜，谁也不喜欢刷屏的好友。

转发链接文章控制在 5 条以内，如果转发过多，会让粉丝觉得你转发的内容没有价值。如果每天只发几条且是精选过的，时间段又错开了，好友会觉得你分享的文章很珍贵，很有内涵，自然对你有好感，长此以往，会每天关注你转发的内容。有了信任，营销就简单多了。

四、明确发布内容

利用朋友圈营销宣传时，要先弄清微信好友喜欢什么，或是你想达到什么样的宣传目的，再来定位发布内容。当然，内容要相关，且是目标好友感兴趣的话题，最好能给他们带来一定的帮助。

还要记住一点，一定要把自己塑造成积极向上、鲜活、有个性的人，而不是消极、负面、低级趣味的人，谁也不愿意与这类人交友、合作。

1. 自己编写的内容

（1）可以是生活中的各种事、对生活的感悟，也可以让自己百变（帅气、可爱、搞怪等），写一些吸引大家关注的话题。

（2）发布公司产品信息时，转化一下语气，不能有过于明显的推销感觉，谁也不愿意看到好友天天在朋友圈里发硬性广告信息。还要注意，发布时避免文字折叠，不用点开就能看全。90% 内容 +10% 广告，可以防止纯广告让人厌烦，甚至被拉黑。

2. 转发内容

多关注微信公众平台，最好是生活类、励志类、哲学类等，将自己塑造成有品位的人。转发时，可编辑对这篇文章的看法。但要注意，转发文章不能太集中，如果你看到一个人突然连续转发四五条信息，你会一条一条地慢慢看吗？除非你和他很熟悉，而且内容跟他本人有关。

五、添加好友

微信粉丝数量及质量是微信营销的基础。

1. 将 QQ 好友加为微信好友

如何寻找目标人群并加他为好友呢？除了宣传自己的微信名片让别人主动加上之外，也可以主动出击。QQ 群是按照特定群体分类的，我们可以找到各个行业的人群，通过查找好友找到相应地区或者年龄段的 QQ 并加为好友。

2. 将手机通信录的人加为好友

有的人可能拥有客户的手机号码，那么如何更快地加这些人为好友呢？将手机号码用 txt 或者 office 格式整理好（具体根据导入软件设置），就可以导入手机通信录上了。

导入前，先取消个人微信号与所用手机号码的绑定，再导入生成手机号码列表。导入完成后，重新将个人微信号绑定所用的手机号码。这时，腾讯服务会向你导入的手机号码列表中已经开通微信的人发一条推荐信息，如果对方有兴趣，可以点击添加你为好友，你也可以主动加好友。

3. 通过附近的人加好友

当去一些商场、高端会所等人群密集的地方，可以通过这个功能寻找客户。

4. 专门的加粉软件

加粉快，但针对性不强。

5. 利用微信备注功能对用户进行分组管理

如果微信粉丝过多，一下子很难翻找到想找的人，备注格式建议为行业或公司＋姓名，如房地产李总。也可在所有客户前统一加一个字母方便区分管理，如 A 房地产李总。

六、做好信任营销和情感营销

微信好友在每条内容下方都可以点赞或评论，相信你也经常点赞或被赞……你喜欢别人的点赞吗？喜欢点赞你的人多吗？一定喜欢，这是人性无法逃避的弱点：虚荣心。

每个人都喜欢被赞美、被表扬！经常点赞或评论就跟电话交流一样，让你的好友很快记住你，这样才能真正做到朋友间的交流、交心、交易。

七、善用微信群发助手

进入微信首页，点击右下方的"我"，点击"设置"，进入设置选项，选择"通用"选项，之后进入功能选项，选择"群发助手"，进行功能设置后点击开始群发。在最下方选择新建群发，然后选择要群发好友的微信号。

注意：不要单纯地群发广告信息，以感恩活动或节日祝福问候为佳。

Part 10 提升七种能力，
打造极致吸睛文案

走心的文案，能够挑动消费者的购买欲望。人是受欲望支配的动物，欲望的强弱会影响人的消费决策和购买行为。因此，真正有效的文案，能打开消费者的欲望之门。欲望强烈时，人的理智就会降低，更倾向于购买。所谓的"冲动消费"，往往就是这种情况下的产物。

提升沟通力、表达力、吸引力、信服力、逻辑力、共鸣力和说服力，是让文案走心的关键。

◎ 沟通力提升：卖产品要从受众诉求入手

　　文案是利用文字跟消费者沟通，打动他们，让他们跟着文案的思路走，最后自觉自愿地购买产品。要想达到这一目的，文案就要紧盯消费者的诉求来写。

　　人做任何事情都出于一定的诉求。比如，吃饭是为了填饱肚子，天冷穿厚衣服是为了御寒。购买行为也一样，产品只有勾起消费者的购买欲望，消费者才会掏腰包。

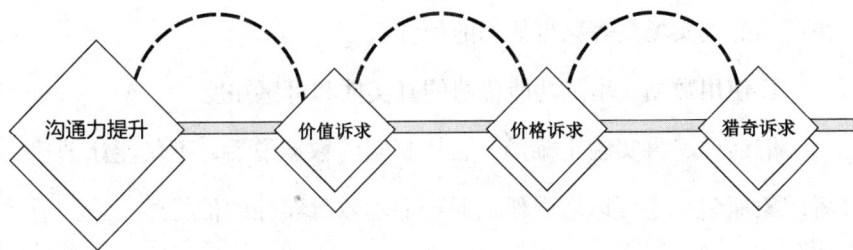

　　文案作为产品宣传推广中重要的环节，可以用文字直观展现产品卖点、服务和品牌理念，传递情感和价值观。当它刚好成为消费者的痛点时，就能成功勾起他们的购买欲望。

消费者通常有哪些方面的诉求呢？由于消费群体的多样性以及消费场景的不可控性，消费者的诉求是五花八门的，但有些核心诉求却不变。下面说一下消费者的三大核心诉求。

一、价值诉求——希望产品有某些特定价值

这类消费者主要看重产品的实际价值。相对而言，产品的外观、设计理念、附加值等对功能影响不大的因素，他们不太在意。

比如，女性购买面膜，最关心的是面膜的补水、美白功效，面膜包装是否美观对她们而言只是附加值，不会成为其是否购买的决定性因素。所以，写这类产品文案时，应从产品的品质、功能、新技术、安全性等方面阐述，突出实在的价值，让消费者一眼就看出这件产品物有所值。

需要注意的是，我们写产品卖点时要切忌"王婆卖瓜，自卖自夸"。比如，说产品拥有什么功能、采用的是什么先进技术，这样的表述"口说无凭"，根本无法说服消费者。

为了更好地迎合追求实用性的消费者，可以借助调查数据、使用产品的真实场景等赢得他们的信任。

1. 使用数据，增加功能优势的真实性和可感知度

俗话说"事实胜于雄辩"，用真实的数据说话，不仅能让消费者印象深刻，还可以增强他们对产品功效真实性的信任感。遣词造句再华丽，购买理由说得天花乱坠，没有事实作为依据很难让消费者买账。

想要消费者购买产品，就得保证他们能被我们的文案说服，数字具备强大的说服力。

充电 5 分钟，通话 2 小时——OPPO 手机

一晚低至 1 度电——美的空调

2000 万柔光双摄，照亮你的美——VIVO 手机

这种文案，不仅可以增加产品功效的可感知度，还突出了产品"充电速度快""省电""拍照神器"等亮点，直观地向消费者阐述了产品的优势和功能。

2. 营造实用场景，向消费者展示产品的优越性能

用文字描述产品的真实使用场景，让消费者看到文案就可以在脑海中形成清晰的画面，对产品功能形成具体认知，进而产生购买欲。

著名体育运动品牌 NIKE 有个经典的广告文案是这样写的：

你决定自己穿什么

找出你的双脚，穿上它们，跑跑看、跳一跳——用你喜欢的方式走路！

你会发现，所有的空间都是你的领域，没有任何事物能阻止你独占蓝天！意外吗？你的双脚竟能改变你的世界。没错，因为走路是你的事，怎么走由你决定！当然，也由你决定自己穿什么！

将走路这件平常的小事上升到改变世界的高度，很符合年轻人积极进取、渴望证明自我的心情。

运动讲究纯粹，不需要五花八门的理由，只要一种心情和一套简单的装备。这个文案通过一个小小的场景，将运动品牌的张力表现得淋漓尽致，自然能让消费者产生购买欲望。

二、价格诉求——希望产品物美价廉

有些消费者的购买行为主要以产品价格为导向，对他们而言，价格是决定是否购买的第一要素。如果一个人在电商平台上购物时经常按照价格由低到高的顺序搜索，这个人就属于"我就想便宜点儿"的消费群体。

这类消费者对价格比较敏感，会不惜花费大量时间和精力对比同类产品的价格差异，然后选择最便宜的那家。相对价格来说，他们对产品的功效、外观等因素不是那么在乎，反而是促销、打折、满减、包邮等信息更有吸引力。

对于这类消费群体，文案撰写人要想方设法用各种形式传递产品性价比高的信息，告诉他们现在购买会得到更多的实惠。

以下三种方法供大家参考：

1. 开门见山说优惠

不要花里胡哨地铺垫，既然消费者对价格比较敏感，那就让优惠信息更一目了然，第一时间抓住他们的注意力，戳中他们的痛点。比如，超市里经常出现这样的促销文案：买一赠一。简单明了，直接告诉消费者可以享受半价的购物福利。

2. 通过对比，突出价格优势

对比价格，既可以是产品现在的价格和过去的价格进行比较，也可以是同类产品价格之间的比较。有了参照物，更能突出产品的

价格优势。

　　增量 30%，加量不加价——某洗衣粉品牌推出新品的广告文案
　　商铺也能买一送一？不看看一定会后悔——某售楼处推出的广告文案

　　两则广告语虽然是在产品的量上进行对比，却将产品的价格优势体现得淋漓尽致。同样的价格，买到的产品更多，产品功效更好，对于追求价格实惠的消费者来说自然有莫大的吸引力。

3. 把省下来的钱具象化

　　我们可以独辟蹊径，把省下来的钱用具体的事物表达出来，突出价格优势。

　　平时买一件的钱，现在能买两件——某品牌服饰
　　买××手机可以多喝两杯星巴克，和朋友边刷抖音边喝咖啡——某品牌手机

三、猎奇诉求——希望产品标新立异

　　现在，很多年轻消费者属于此类人群，只买时下流行的产品，从手机到服装再到鞋子，追求的是产品的时尚性、潮流性以及独特性，不会过多考虑价格和性能。

　　为了满足这类消费人群的购买需求，文案撰写人要利用他们的猎奇、求新心理，在文案中突出造型别致、款式新颖、网红同款、

时下流行等元素，迎合他们的诉求点，激发他们的购买欲。

1. 展现流行元素

求新人群对时尚动态、潮流理念总是特别敏感和在意。如果我们在文案中借用这些流行元素，就可以吸引他们为此掏腰包。

百事可乐，新一代的选择——百事可乐

文案明确传达了这样的意思：如果你是新一代的年轻人，就应该喝百事可乐，这是当下年轻一族中流行的饮品。当然，在包装方面，百事可乐也做到了年轻化。

2. 彰显自我个性

追随流行文化的同时，不少消费者还想保持个性，以彰显自己独特的品位和独到的眼光。那么，针对他们的产品文案，就要迎合其追求与众不同的诉求。

拍活动海报转发朋友圈，带定位，即享：吃串串送串串，撸串无上限——马路边边麻辣烫

当然，消费者的诉求远不止以上三种，还有追求高端的如奢侈品、便利性的如简化购买流程、兴趣爱好的如收藏打火机……这些诉求或多或少影响着消费者的购买欲望，只要围绕产品受众的诉求，就能大大提高文案的转化率。

◎ 表达力提升：减少误会，让对方认可你

许多文案菜鸟对自己写的文案不是很有信心，因为领导总会觉得这不好、那不对。究其根本，原因往往是文案表达得不精准、不到位，不能清楚地将自己的意图有效传递给对方，就如隔靴搔痒总是没到点儿上。

事实上，绝大部分表达力并不是天生的，受后天环境或是培养的影响很大。

表达的首要重点便是有话可说，没话可说时硬要说，不是闲扯就是没话找话，徒然浪费了双方的时间。因此，有效表达的第一个要诀是"清楚所表达的重点"，没有重点的话不说也罢。

我们表达观点时要采用三段论的逻辑。举个简单的例子：

所有未满 5 岁的小孩都不该去学游泳。（大前提）

小芳未满 5 岁。（小前提）

小芳不该去学游泳。（结论）

这是你的思维逻辑，但在实际表达时可能是这样的：

小芳未满 5 岁，她不能去学游泳。（省略大前提）

小芳不能去学游泳。（同时省略大前提和小前提）

怎么省略大、小前提，这是表达观点的关键。省略的前提必须是对方已经知道或认可的，这就要求你对对方的认知水平做出预判。如果省略过多，就会造成误解，对方会问你：这么说的理由呢？如果你都不省略，就会废话连篇，对方会问你：所以呢？重点呢？

在日常生活中，我们对一件事会潜意识地做预判，然后决定怎么表达。如果你特别想把某件事表达清楚，必须好好审视受众的认知差异，再决定什么地方能够省略和简洁，什么地方必须好好解释以免误解。

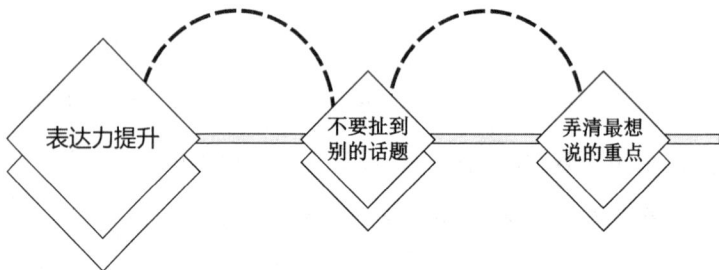

下面一起看看提升表达力需要注意的方面。

一、不要扯到别的话题

强化这方面能力的首要任务就是练习"单一法则"，尝试一次只表达一个重点，不要把很多想说的话混在一起，这样一来，自己的思绪会混乱，容易混淆受众焦点。

下笔写文案前，将要讲的单一重点写出来，然后用最简单的方式提炼出中心内容，绝对不要扯到别的话题，只针对这个重点描述，直到受众完全明白为止。

二、弄清最想说的重点

强化清楚表达重点的技巧，有两个辅助强化的方法：一是"归纳练习"，就是找到某本书中一个段落或是杂志中的某篇文章，看完后挑选重点加以陈述。如果能够在短时间内整理出精确表达的方法，表示自己归纳重点的能力变强了。二是针对自己某个不知如何表达的重点，请表达能力强的朋友再说一次，听他是如何表达的，从中学习对方的表达方式和技巧。

记住，沟通、表达或说服前，一定要清楚自己想说的重点。重点不明确、文字混乱时，我们是无法清楚表达且阐述明白观点。

◎ 吸引力提升：闪闪发光的"吸睛"文案，90% 离不开这三点

优秀的文案绝不是自嗨，而是当你看到它第一眼时就会被打

动，它就像会发光一样能瞬间吸引你的注意力，让你久久不能移开目光。

所以，好文案一定是炫目的，让你不关注都不行；好文案一定是多年后人们还会想起，翻出来看一看、品一品，找个人说道说道。它们从不同角度带给我们独特的启发和触动，留下深刻的印象。比如：

多一些润滑，少一些摩擦——统一润滑油

别让这个城市留下了你的青春，却留不下你——某地产文案

心有多大，舞台就有多大——央视公益广告

你本来就很美——自然堂

除了这一生，我们又没有别的时间——《花儿与少年第三季》的广告语

以上被市场和消费者认可的文案，有的洞察了亲子关系变化的原因，有的迎合了时下流行的"丧文化"，有的是别出心裁地传播了正能量……文案就是产品的代言人，可以赋予产品独特的气质，正是这种气质使该产品在琳琅满目的众多产品中独树一帜。

那么，如何让文案闪闪发光，快速吸引消费者的注意呢？

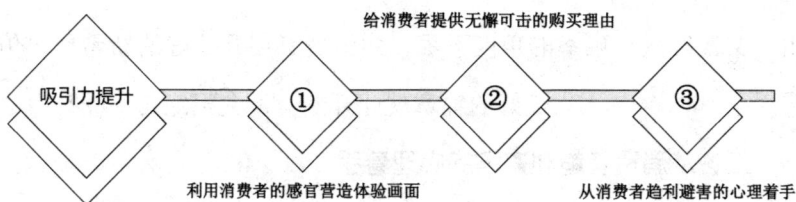

一、利用消费者的感官营造体验画面

要知道，人们所有的实质性体验都是靠感官去感知的——我们用嘴巴品尝味道，鼻子识别气味，眼睛分辨颜色，耳朵聆听声音，身体感受触感。在文案中描写具体的感受，把产品转化成具象体验、具有画面感的场景，就能激发消费者的感官体验，给其留下深刻印象。

将所有一言难尽，一饮而尽——红星二锅头

比如，形容一种饼的层次丰富和口感酥脆，可以说"一口咬下20层，咔嚓咔嚓的清脆声音瞬间从口腔传到耳朵里"。这种感受描写得越具体、详细，越能让消费者感同身受，激发他们的购买欲。

二、给消费者提供无懈可击的购买理由

永远相信美好的事情即将发生——小米

更美好的事情已经发生——华为

美好的事情才真正开始——联想

简单的话语，给了消费者一个希望、一个必须购买或使用的理由，文案都从小确幸的角度下手，为消费者展开美好的新希望，仿佛用了×××，人生美好的篇章就此开始，谁会拒绝购买呢？

三、从消费者趋利避害的心理着手

人们对未知的事物有着本能的恐惧，恐惧心理又会促使人们做某些事情来减轻或对抗这种状态。比如，人们害怕衰老，会情不自禁购买许多抗衰老的护肤品；害怕生病和死亡，会购买各种保健品……

倘若将人们的这些心理运用到文案中，直戳痛点，定能唤起人们的危机意识和紧张心理，改变他们的态度或行为。

弹弹弹，弹走鱼尾纹——丸美眼霜

众所周知，鱼尾纹的出现意味着人在慢慢地衰老。这个文案正是利用女人害怕衰老的心理，凸显产品的功效，只用简单的几个字就告诉消费者：这款产品可以让肌肤恢复弹性，让鱼尾纹消失。

你吸烟不要紧，但别拉着你的孩子陪葬——禁烟公益广告

在让人戒烟的公益广告中，如果只是让当事人自己戒烟总显得力度不够，因为他已然明白吸烟的害处，但还是欲罢不能。如果将受害人变成当事人的孩子，当事人的恐惧心理就会被激发——为了避免孩子因自己受到伤害，吸烟人士就会有戒烟的动力。

利用人们趋利避害的心理时也要避免危言耸听，不可夸张宣扬产品不具备的功能，要在产品具备的功能上深入开发，挖掘人们的潜在心理诉求，达到最终的营销目的。

◎ 信服力提升：为产品捆绑公信力高的标杆

广告大师大卫·奥格威说过："消费者不是低能儿，她们是你的妻女。若是你以为一句简单的口号和几个枯燥的形容词就能够诱使她们买你的东西，你就太低估她们的智商了，她们需要你提供的全部信息。"这说明，消费者并非盲目地追随广告中的产品，取得他们的信任是产品营销的关键。

对当今市场上形形色色的广告文案，大多数人持不信任的态度，认为广告只是一种赚钱的手段。他们在看到广告文案时会有各种顾虑，如这个产品真的好用吗？这家店铺的产品价格是不是最低的？如果你的文案不能让消费者信服，他们就不愿意把钱从自己的口袋里拿出来。

怎样写文案才能赢得消费者的信任？如果说我们运用的各种文案技巧，是为了给消费者提供感性的依据和情感的联动，在获取他们的信任方面就需要提供客观的事实与证据。

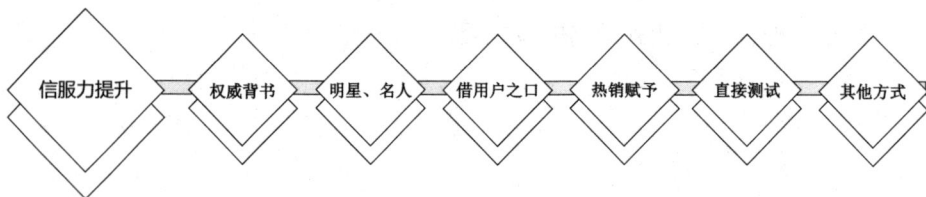

常见的获取消费者信任的方法，常见的有以下几种。

一、用权威背书

我们看到"权威"二字，就会产生信任感，认为这件产品经过严格的检查和认证。所以，现在很多文案会借助权威背书这种方法提升产品的可信度。

"权威"可以是某些领域的专业人士。这些专业人士在行业内举足轻重，若能得到他们的认可，消费者更容易产生信赖感。

我们所熟知的北京二锅头拥有800多年的悠久历史，起先不过是寻常百姓家的佐餐酒品，一直以价格便宜、经济实惠为主打形象。自2018年起，北京二锅头连续登陆央视广告，依托权威传播平台的影响力强势展现企业品牌形象及产品特性。2019年2月2日起，更是牵手央视新闻频道重磅新闻栏目《共同关注》，作为主要插播广告播出。

经过近两年的央视广告投放，不仅广泛提升了北京二锅头的品牌知名度和美誉度，同时也扩大了产品的销售渠道。

红星高照，大师酿造——红星二锅头

文案宣传中，一旦产品赋予某种权威或者权威的暗示，产品会立刻因为披上某种权威的外衣而显得格外耀眼和光彩夺目。一定程度上讲，这种需要借势的方式体现了市场消费的一种大众理性——人们更信任有保障的服务和产品。刘备出身寒微，但为了起势得名正言顺，也要给自己捞上个八竿子打不着的"皇叔"之名，更何况是营销。

"权威"有时候不仅仅是某个人，也可以是权威典籍。比如，东阿阿胶就借助《本草纲目》中记载的"阿胶育神，人参益气"，让自己的产品获得不少女性消费者的追捧。

"权威"还可以是权威媒体和机构，常见的有"××战略合作伙伴""CCTV上榜品牌""××机构认证产品"等。利用这些媒体和机构在大众心目中的地位给自己的品牌"镀金"，会更容易赢得消费者的信任。

二、明星、名人的加持

请明星或名人代言，是目前赢得消费者信任的最普遍方式。

移动互联时代，"粉丝经济"爆发，只要经济方面允许，很多品牌方选择代言人的标准是"谁火就请谁"。不得不说，明星的影响力很大，不少粉丝愿意花钱支持他们的偶像，并且相信自家偶像的眼光和品位。

乐于平凡，创造不凡。卓尔不凡，当然是我——周杰伦代言海澜之家

想去哪拍就去哪拍——铂爵旅拍

有一点要注意，请明星代言时，要考虑自身产品的特质是否与所请明星的气质相符，这样可以达到事半功倍的效果。

三、借用户之口增加信任

俗话说得好，"金杯、银杯不如百姓口碑，金奖、银奖不如百姓夸奖"。借真实消费者之口说出对产品的感受，无疑可以增加其他消费者的信任。这好像我们看电影时，会以豆瓣的评分和评价作为参考；买护肤品时，会询问朋友的意见或者看下评论区的用户怎么说……

真实消费者的"证言"，会对其他消费者产生莫大的影响力。

不过，借用用户的亲身经历、评价和反馈时，要注意说话的角度，不能把用户推心置腹的"证言"写成硬性广告。如果让其他消费者觉得这些提供"证言"的用户是被收买的，就会适得其反。

这类文案比较常见的表述方式是："我以前有××的烦恼，可是自从使用了××产品，问题就解决了。"

来看一下大卫·奥格威为奥斯汀轿车撰写的经典文案：

我用驾驶奥斯汀轿车省下的钱，送儿子到格罗顿学校念书。

这个文案很好地传递出奥斯汀轿车经济实惠、油耗低的特点。不仅如此，大卫·奥格威还详细列出一份如何省下这笔钱的清单，大大提升了该汽车省油的可信度，而且和孩子的教育搭上关系，为品牌增加了好感度。

四、用热销赋予消费者安全感

《影响力》一书中提到："社会认同原理，即人在群体中的行为往往受到他人影响，甚至会根据周围人的反应做出相应的反应，这就是我们常说的'从众心理'。"

出于这个心理，大多数人会随大流，因为安全。例如，我们看到某家奶茶店没有任何打折促销活动，门口却排了很长的队，就会认为这家奶茶肯定好喝，以后也会光顾。既然如此，我们是否可以利用这个心理，在文案中列出产品的好评量等数据，制造热闹的气氛，给用户安全感？答案当然是肯定的。

全网销量第一的精油品牌——阿芙精油

三亿人都在拼的购物——拼多多

连续五年销量翻番——三棵树漆

这些文案无形中传递出产品受欢迎、有很多人使用的感觉。所以，大企业可以直接亮出销售量或者用户数，小企业可以描述某次畅销的现象赢得消费者的信任。

五、直接测试赢取消费者的信任

一家生产钢化膜的公司，为了证明其钢化膜强大的抗摔性能，不会轻易碎屏，于是拍摄了用锤子砸贴了钢化膜手机的视频；一家生产丝袜的厂家，为了说明自家丝袜质量过硬，竟然把孩子装进袜子里摇晃。这两个视频的播放量都相当可观，他们的产品销量一下子翻了好几番。

千万妈妈信赖之选——贝贝网

直接测试是一个非常好的方式，因为看过测试后，消费者会很放心。所以，产品在某方面确实具有相当强大的优势，何不亲身实验，用结果证明我们所言非虚？

六、其他方式

1. 展现品牌的悠久历史

关键词，如老字号、百年老店等。

创于清朝道光年间，已逾百年历史——凉茶品牌王老吉

炮制虽繁，必不敢省人工；品味虽贵，必不敢减物力——同仁堂

经过百年历史检验的产品，消费者的信任度怎会不高？

2. 做出承诺

这种方式只有一个原则，就是消费者在哪个点上犹豫了，就在哪个点上做出承诺，给出解决方法，最常见的就是包退、包换、包修。

3. 利用大牌厂家和渠道

如果产品本身的名气不够，可以利用大牌厂家或渠道为自己"镀金"，取得消费者的信任。比如，很多电子品牌会把"富士康

制造"作为卖点；再如，新品牌为了展现自身实力，会在文案上表明自己入驻了万达、沃尔玛等大型商超或有天猫、京东等线上渠道。

　　增加文案信任感的技巧和方法有很多，比如，产品首创、在市场上拥有领先地位、参加公益事件、有据可查、定义行业标准、拥有别家没有的安全特性等，这些都可以赢得消费者的信任。

◎ 逻辑力提升：用有效的逻辑支撑卖点

　　近年来，自媒体已经被推上一个新高度，几乎人人都是自媒体，处处都是 10 万 + 的刷屏文章，不少人对媒体传播的属性和特征信手拈来、侃侃而谈。但到底有多少文案是有效的呢？有多少文案可以转化为营销卖点？有多少文案成为经典，长久留在消费者的心里呢？在广告文案层出不穷的情况下，很多文案慢慢丧失了基本素养——逻辑。

　　逻辑是文案具有说服力的保证，有效的逻辑才能支撑你的卖点。

商业软文的有效逻辑

逻辑力提升　━━━　①　━━━　②

消费者对产品的认知度决定销售逻辑

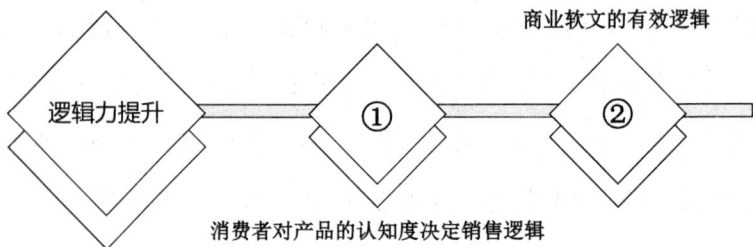

一、消费者对产品的认知度决定销售逻辑

每个优秀文案的背后必定有相应的销售逻辑，它帮助文案直面市场检验，决定文案在市场的存在力和传播力。文案撰写人要懂得销售话术，将文案变得更有战斗力，同时也要清楚检验文案的最终人群是消费者。

不同的消费者对产品的认知度不同，支撑产品的逻辑就不同。

1. 针对新产品

如果品牌是初创的，产品在市场上还默默无闻，文案就要赋予消费者了解新产品、认同新产品的动机。

看了又看，再看，一直看——西瓜视频

看了这句话，大部分人会想：让人如此上瘾的视频到底是什么样子的？这个文案背后的销售逻辑，就是引发消费者的好奇心和从众心理。新产品推广时，文案一定要给消费者了解产品、接触产品的理由，否则，不管写得如何天花乱坠也不能让消费者停留。

2. 针对一般产品

如果消费者对你的产品已经有了一定了解，这时文案撰写人要突出产品的特点、功效，强化其在消费者心中的印象。

举个例子，现在有一种酱，它的口感特点是鲜、香、嫩、弹。为了强化消费者对产品的印象，我们不妨寻找一些参照物来形象化地表达这个卖点。比如，"弹"解释为"Q弹"，可以用"Q"这个字母来表示弹的形象，让人想象出酱吃在嘴里的感觉。此外，还可以用数字、场景等方式来突出卖点，让消费者对产品有更具象、更深刻的认知。

3. 针对品牌产品

因为大众对品牌产品都有了普遍认知，所以这类产品的文案通常不会带有品牌名，而会采用一些比较有文采的句子。

梦想之路，大美之悦——BMW5系新上市宣传语（2012款）

为了保持品牌形象和长久的影响力，成熟品牌的文案会更多地表现出一种情怀，宣扬一种能量，传达一种理念。但是，这种文案在品牌还未做到人人皆知时要慎用，因为容易让消费者云里雾里，不明白产品到底有什么优势。

二、商业软文的有效逻辑

首先，我们要分析受众。把每一类消费者最想听什么话题、最想解决什么问题列举出来，标明解决方法。

找到受众有共鸣的话题：

　　后来的我们，为什么只有过年才想到回家——电影《后来的我们》宣传语

　　感觉自己这次会成功，这种感觉已经是第六次——钉钉

　　以前什么都无所畏，现在什么都无所谓——北京二锅头

　　故乡眼中的骄子，不该是城市的游子——某地产广告

　　找到受众最想解决的问题：

　　我们的一句随口说说，就是父母的大动干戈——唯品会

　　没有好看的衣服，只有好看的身材——某健身机构

　　其次，根据产品的自身特性，结合销售时机等因素，对消费者关心的问题进行排序和取舍，分出轻重缓急，找出核心问题和非核心问题。

　　一面科技，一面艺术——小米手机

　　家有三洋，冬暖夏凉——三洋空调

　　最后，加入一些企业精神、品牌概念进行精修。

　　运动之美，世界共享——李宁运动服装

　　上一秒，你是父亲的儿子；这一秒，你是儿子的父亲——西铁

城手表

　　想留你在身边，更想你拥有全世界。你的世界，大于全世界——招商银行

◎ 共鸣力提升：教你如何构建场景打动消费者

　　好文案一定会让消费者产生这样的感觉："这说的不就是我吗？""哇，原来大家都有这样的感觉！""这句话简直戳到心窝子里了……"

　　让消费者产生强烈共鸣的文案，一定掌握了用户心理。引发共鸣可以通过很多撰写手法来达到，但能让消费者身临其境、触景生情的方式只能是营造场景。比如，在朱自清所著《背影》一文中，儿子看到父亲为给他买橘子而艰难地攀爬上月台，这就是一个场景，能让我们在阅读过程中体会到父爱的伟大以及作者心中的酸楚。

　　所谓场景，就是生活中真实存在、在身边或身上发生的事情。场景化的文案就是通过描述常见画面，吸引消费者的目光，并让消费者产生共鸣，有身临其境之感。

踩惯了红地毯，会梦见石板路——万科地产·兰乔圣菲

遥控器里的电池还没换，我却换了3个陪我看电视的人——南孚电池

这两句文案都描述了生活中的常见场景，让人一看就会在脑海中联想到与自己有关的对应场景，非常有亲和力。

场景式文案因为切切实实从消费者的角度思考问题，将他们在现实生活中遇到的真实问题进行场景化表达，所以能一下子戳中消费者的痛点。

那么，如何为文案设计一个合适的场景呢？

第一，梳理产品可支持的场景，尽可能多地提供备用场景。

第二，梳理竞品的消费场景，加以分析，扬长避短，切勿拿自己的短攻别人的长。

第三，确定产品的独有场景，强化品牌形象。

京东超市在周年庆推出的一组海报文案，就很好地诠释了场景化表达的重要性：

老司机带带我，我要去停车啊！果然超市还是网逛最好！

这则文案的海报配图是：一个年轻人开着车，在车位已满的停车场气得两眼冒火。

一切美好的事物都值得等待吗？果然超市还是网逛最好！

这则文案的海报配图是：收银台前排着长长的队伍，队尾的年轻人等得黑眼圈都出来了。

京东超市作为一个线上超市，它的目标群体是谁？是那些喜欢享受网络便利的年轻人！

如果我们早上去实体超市，会发现购物的大多数是大爷大妈。作为上班族，很多年轻人没有时间去实体超市购物，即便周末有时间也只想躺着玩手机。他们更愿意在网上超市采购，让快递员送货上门，享受网络购物给生活带来的便利。

找到目标人群，接下来就要分析他们的购买场景了。

年轻人都怕麻烦，若是去大型商超势必面临停车的问题，遇到人多车位紧张，还没开始购物心里就已经烦躁不安；收银台那长长的结账队伍，每次都得好长时间才能轮到自己……

网络超市省去这些麻烦，不用到处找停车位，更不用在结账时排队。所以，京东超市的这些场景文案应运而生，独具特色。

我们每天生活在大大小小的场景中，如上班、下班、走路、吃饭、聊天、睡觉等。如果文案撰写人能够找到触发大众情感的切入点，勾勒好相关场景，就能很好地引导消费者购买。

◎ 说服力提升：满足客户需求，了解
　　"怎样说别人更爱听"

　　说服力其实是让别人认可、赞同你的观点，对文案人来说，就是让他人为你的想法埋单。那么，提升说服力，首先要明确你的观点，非常清晰地知道自己的立场。这就要求你在表达观点前先自我反问：我要评论的对象是什么？我的立场是什么？

　　在日常生活中，我们都有这样的经验，同样一件事情，有的人可能一两句话就能说得很清楚，有的人说半天也说不明白，这就属于不会用结构化表达。那么，到底什么是结构化表达呢？

　　所谓结构化表达，就是一种高效准确的表达方法，即在对方的脑海中对你要表达的内容建立一个结构，这个结构包括了你的核心观点以及支持观点的理由和数据。

part 1 ／自上而下

先从结论讲起，说明问题的全貌

直接说明中心思想

part 2 / 层次清晰

把相关性议题在一个章节内说清楚

分清楚议题的层次

part 3 / 结构简单

表达的结构越简单越好

part 4 / 重点突出

不要试图传递过多的信息

要把最想传递的信息突出出来

综上所述，其实"清楚表达"很简单，只须做到立场明确，逻辑清晰，主次分清，言语简单就足够了。

作为文案人，大家应该听过马斯洛需求层次理论。该理论将人类需求像阶梯一样从低到高分为五种，分别是：生理需求、安全需求、社交需求、尊重需求和自我实现需求。它可以帮助我们更好地将用户需求和产品功能对应起来，使文案更有针对性。

看到广告大师写的文案上市，我们总会赞叹："××的文案怎么写得这么好？"或许你还能说出这个文案的几个优点，但是轮到自己动笔时，完全不知道该从何处下手。究竟有没有方法，可以快速写出打动人心或者至少是合格的文案呢？

这里不妨先来谈谈什么是好文案。

消费者：有美感，有深度，有感动。

甲方：高端、大气、上档次，能打动人心。

老板：有出彩的地方，让甲方无可挑剔。

……

说了半天，谁也没有说清到底什么样的文案才是好的，更没能给文案下个定义。

很多人忙着学习写文案所需的各种华丽技巧，往往忽略了文案的根本所在。文案就是商家对消费者说出的心里话，要想使文案发挥作用，最好的办法就是唤醒消费者心中的欲望。

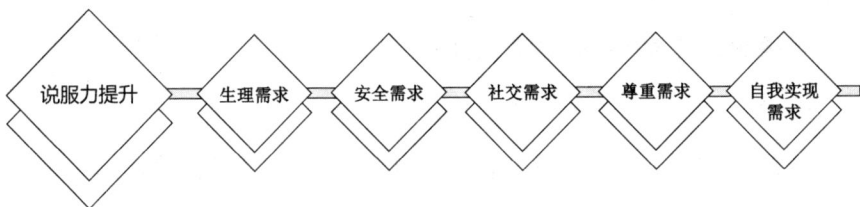

说服力提升 ▷ 生理需求 ▷ 安全需求 ▷ 社交需求 ▷ 尊重需求 ▷ 自我实现需求

一、生理需求

生理需求，指的是人们最基本维持生存和发展的需求，如吃、喝、住等方面。它在人们的所有需求中占主导地位，如果得不到满足，人的生存就会出现问题，就更不要说追求其他方面了。

所以，生理需求可以唤醒人的购买欲望。比如，麦当劳、肯德基的广告，除了邀请当红流量明星作为代言人外，还会着重表现肉块撞击或者酱汁四溅的画面，都是为了勾起人们对吃的欲望，从而达到营销的目的。

二、安全需求

安全需求，包括生命和财产的安全不受侵害、身体健康、生活安稳有保障等。俗话说，"身体是革命的本钱"，人们对身体健康、一生平安的欲望有时不见得比生理需求少，因为只有在安全的情况下，人才可以进行其他活动。

我们来看沃尔沃汽车在母亲节时推出的文案：

亲手绘制一张卡片，感恩她漫漫岁月中为你长出的白发。对妈妈来说，你的每一次安全归家是她最大的心愿。沃尔沃用心读懂母亲，秉承极致安全的承诺，为每一次爱的归家护航。

这则文案将沃尔沃汽车安全性能的属性与妈妈最大的愿望完美结合，直戳人心。

三、社交需求

社交需求主要分为两个方面：一方面是对爱情、友情的需求。人们是社会性的群居动物，希望爱别人也渴望别人爱自己，保持和朋友间的真诚友谊。另一方面是对归属感的需求，即个体归属于某个群体的需要。

社交需求相较生理需求更加细腻、深刻，它与一个人的所受教育、经历、价值观等有很大的关系。

满足这类需求的广告文案也叫社交沟通文案。比如，网易云音乐的优质 UGC 乐评就属于社交沟通文案。即使我们跟写乐评的人素未谋面，但通过这些文字依然能被深深触动。

再举个简单的例子。当表达"夏天终于来了"这一主题时，根据受众的偏好不同，可以改变很多方式，找到最好、最准确、最有力的表达。

可以加标点，或者调换顺序：

夏天，终于来了。

终于，夏天来了。

终于来了，夏天。

也可以增加或者减少一些字：

夏，终于来了。

夏天，来了。

夏，终来。

还可以借用其他表达方式，如加入北京话元素：

夏儿，您来了嘿。

加入诗词元素：

夏来，月明蝉鸣。

加入童话元素：

夏天，是昆虫们开演唱会的季节。

加入现实元素：

夏天，就是写字楼里的窗外。
夏天，终顶替了春天。

运用比喻：

夏天，是冬天的梦境。

如此不断变化角度，加入各种元素重新排列组合，直到找到最佳和最准确的表达方式。

四、尊重需求

每个人都想得到别人的尊重，得到大众的承认。尊重分为内部尊重和外部尊重两个维度，内部尊重是指人希望在生活中的各种场景有实力、有信心，也就是自尊；外部尊重就是希望自己有权势、有威信，在某一领域具有一定的话语权，从而得到别人的爱戴、信任和高度评价。

赢得尊重类的文案，可以让消费者的尊重需求得到满足，使人充满信心，对社会满腔热情。大部分限量版汽车、高档别墅、奢侈品的文案都属于赢得尊重式广告，能让人产生买了它、用了它就特别有面子的感觉。

五、自我实现需求

自我实现需求，是马斯洛需求层次理论中最高层次的需求，是指一个人想把自己的能力发挥到最大限度，实现自己的理想抱负，完成梦想的需求。

同样，实现这种最高层次的需求可以让人获得最大限度的快乐。比如打个比方，广告画面中有人开着豪车来到一座高峰上，俯视山脚下的城市，一个电话即可运筹帷幄，决胜千里。这时你就会想，如果自己能成为这样的人该有多好——这就是自我实现需求的体现。